Paul Beurdeley

Les catéchismes révolutionnaires

Elibron Classics
www.elibron.com

Elibron Classics series.

ISBN 0-543-77666-2 (paperback)
ISBN 0-543-77665-4 (hardcover)

This Elibron Classics Replica Edition is an unabridged facsimile of the edition published in 1893 by Fischbacher, Paris; Verviers.

Les Catéchismes révolutionnaires

DU MÊME AUTEUR :

L'École nouvelle, Caisse des écoles, caisse d'épargne scolaire, cours d'adultes, bibliothèques, musées, éducation professionnelle, gymnastique. L'esprit nouveau dans l'école. — Un volume in-18, Delagrave, éditeur.

Manuel de l'Électeur, précédé d'un exposé de la Constitution. — Un volume in-18, Forcel et Larose, éditeurs.

L'Éducation morale et civique pendant la Révolution. — Une brochure in-8°, Weill, éditeur.

Le Renouvellement partiel de la Chambre des Députés. — Une brochure in-18, Dentu, éditeur.

Les Sociétés scolaires de Secours mutuels et de Retraite (extrait de la *Revue Pédagogique* du 15 juillet 1892, Delagrave, éditeur.

Émile Durier, étude biographique. — Une brochure in-18, Weill, éditeur.

La Responsabilité des Instituteurs. — Un petit volume in-18, Delagrave, éditeur.

Bibliothèque Gilon

LES

Catéchismes révolutionnaires

Étude historique & pédagogique sur la morale civique

PAR

PAUL BEURDELEY

Avocat à la Cour d'appel

Maire du VIIIe arrondissement de la villi de Paris

(Mairie de l'Élysée)

PARIS

Rue de Seine, 33.

VERVIERS

Pont St-Laurent, 21.

1893

Un livre volumineux et d'un prix élevé doit être comparé à un vaisseau qui ne peut débarquer ses marchandises que dans un grand port. — De petits traités ressemblent à de légers bateaux destinés à pénétrer dans les baies les plus étroites, pour approvisionner toutes les parties d'un pays.

Notice Biographique

M. Paul Beurdeley, est né à Paris le 21 juin 1842.

Il est avocat à la Cour d'appel et maire du VIIIe arrondissement (mairie de l'Élysée). C'est un des rares administrateurs de Paris qui soit né dans la capitale.

M. Paul Beurdeley est un républicain ferme et libéral, il a un passé qui correspond à son caractère et à ses opinions : C'est, dans toute la force du terme, un honnête homme animé des opinions les plus démocratiques.

Il appartient à cette bourgeoisie libérale qui, avant 1870, menait un si rude combat contre l'empire autoritaire, contre ce gouvernement néfaste qui devait nous mener à Sedan, mais, comme ont fait tant d'autres, il n'a pas abdiqué ses convictions d'alors. Il s'était associé très étroitement, au cours de ses études de droit, au mouvement libéral qui marqua les dernières années de l'Empire. Il appartenait à cette pléiade de jeunes hommes, animés du souffle de la liberté renaissante, qui suivaient avec enthousiasme les chefs, presque aussi jeunes qu'eux et déjà célèbres, de la nouvelle démocratie : il avait conçu pour le plus illustre d'entre eux un véritable culte.

En effet, tout jeune on le voit mêlé au mouvement progressiste. Étudiant, il se signale par des opinions républicaines et il soutient les candidatures de Pelletan, Ernest Picard, Jules Favre et Gambetta.

Inscrit au tableau de l'ordre des avocats, dès 1866, il était en 1871, attaché au cabinet de M. Émile Durier, secrétaire général du ministère de la justice dont M. Dufaure avait le portefeuille. Il devient bientôt secrétaire de la Société pour l'Instruction élémentaire et président de la conférence Molé-Tocqueville. Il fit son devoir pendant la guerre et après la Commune qu'il combattit à Paris, il reprit sa profession d'avocat pour ne se mêler à la politique que dans deux circonstances : le 24 mai et le 16 mai.

Il soutint la candidature de M. Thiers dans le IXe arrondissement, plaida pour les 363 contre les ministres réactionnaires de Fourtou et de Broglie, dans l'affaire du *Bulletin des Communes* ; plaida pour M. Viette à

Montbéliard, pour M. Constans à Toulouse, pour la *Petite République Française*, pour le *Bien public*.

Toutes les fois qu'il y a à prendre la parole pour défendre les idées républicaines, Me Beurdeley est à son poste d'avocat républicain.

Il a été le conseil et l'avocat de plusieurs ministères, notamment du ministère de l'intérieur, des travaux publics, de l'instruction publique et des beaux-arts.

En 1880, Me Beurdeley est nommé adjoint au maire du VIIIe arrondissement. Dans ces fonctions, il s'occupe plus particulièrement de l'instruction primaire. Au mois de juin 1888, il est nommé maire du même arrondissement en remplacement de M. Kœchlin, révoqué pour cause de Boulangisme.

M. Beurdeley, en outre de nombreux articles de presse, a publié plusieurs ouvrages d'un réel intérêt : *L'École nouvelle*, chez l'éditeur Delagrave, où il montre tous les progrès réalisés par l'instruction publique sous le gouvernement républicain ; puis le *Manuel de l'Électeur*, publié chez Larose et Forcel, un livre indispensable à tous les hommes publics et qui devrait figurer dans toutes les bibliothèques communales ; enfin une brochure très substantielle chez Dentu, intitulée : *Du renouvellement partiel de la Chambre des députés* et une notice biographique sur Émile Durier, bâtonnier de l'ordre des avocats de Paris.

En 1881 et 1882, M. Paul Beurdeley s'est présenté

aux élections législatives, dans l'arrondissement de Provins et a obtenu des minorités fort respectables.

Depuis cette époque Me Beurdeley s'est adonné à peu près exclusivement à sa profession d'avocat et à ses fonctions de maire.

Avocat important, plaidant simplement et avec compétence des affaires civiles qui ne lui ont du reste pas retiré toute velléité politique.

On le voit souvent défendre des causes qui touchent aux intérêts généraux du pays.

Décoré de la légion d'honneur pour ses services administratifs, il a fondé et fait prospérer dans son arrondissement plusieurs associations utiles entre toutes, telles que la *Caisse des Écoles*, l'*Assistance par le Travail* et la Société de *Secours mutuels et de retraite des Enfants des Écoles*. Récemment il publiait encore une brochure, qui a fait quelque bruit, sur la *Responsabilité des Instituteurs*.

En résumé c'est un homme pratique, dévoué au bien public.

Nous nous félicitons de l'heureux hasard de relations communes qui nous a valu cette précieuse collaboration.

LA MORALE INDÉPENDANTE

ET

L'ENSEIGNEMENT CIVIQUE

La Morale indépendante et l'Enseignement civique

Le problème de la morale indépendante, c'est-à-dire d'une morale fondée uniquement sur des principes rationnels, aura été résolu d'une façon expérimentale par le XIXe siècle dans l'éducation des nouvelles générations.

Il y avait longtemps que Michelet avait signalé cette contradiction déplorable qui existe dans notre société moderne entre l'éducation religieuse fondée sur l'idée de la révélation et sur le principe d'autorité donnée par l'État, alors que l'État est laïque et qu'il prend son principe dans l'esprit de liberté et d'examen.

La séparation de l'École et de l'Église, décrétée implicitement par la loi du 28 mars 1882, a eu cet heureux résultat d'établir dans les écoles primaires de la France un enseignement de la morale distinct de l'enseignement religieux.

Tout enseignement de dogme quelconque, toute hypothèse religieuse particulière est laissé de côté par l'instituteur. C'est aux parents qu'il appartient d'initier leurs enfants à leur culte personnel, à leurs croyances intimes, des jours et des heures étant spécialement réservés pour l'éducation religieuse. Ainsi se trouve respectée la liberté de conscience des maîtres, des élèves et des parents.

Toute une littérature, et non des moins intéressantes, est née de la loi du 28 mars 1882. Les manuels moraux et civiques se sont multipliés.

Des philosophes et des savants éminents, comme Adolphe Franck, Paul Janet et Paul Bert, des femmes distinguées comme Mme Léon Coignet, Mme Gréville, ont rédigé des Manuels d'éducation morale et civique. Tous ont compris qu'il y avait là un gros problème pédagogique et social à résoudre. En effet, il s'agit à la fois d'assurer à nos enfants une éducation virile et de leur mettre en mains un flambeau dont la lumière ne les égare pas.

Nous nous proposons aujourd'hui de rechercher quels ont été les efforts de la première heure, de retrouver la trace des efforts faits antérieurement pour introduire la morale dans l'enseignement primaire.

La Révolution française offre à notre curiosité une ample et intéressante matière. On y trouvera de précieux enseignements, on verra après quels tâtonnements et aussi après quelles erreurs les hommes de la Révolution sont arrivés à mettre au jour des œuvres tout à fait remarquables et qui méritent d'être tirées de l'oubli.

LES CATÉCHISMES CIVIQUES

PENDANT L'ASSEMBLÉE CONSTITUANTE

ET

PENDANT L'ASSEMBLÉE LÉGISLATIVE.

LE RAPPORT DE TALLEYRAND.

L'ABBÉ HAZARD. — CONDORCET.

I

Les Catéchismes civiques pendant l'Assemblée constituante et pendant l'Assemblée législative. — Le Rapport de Talleyrand. — L'abbé Hazard. — Condorcet.

La Révolution française a inauguré un droit nouveau en substituant sa volonté populaire au principe du droit divin. On peut dire qu'elle a créé également une morale nouvelle.

La morale de la Monarchie et de l'Église considérait l'homme comme faisant partie d'un troupeau qui devait respect et obéissance au berger préposé par un être supérieur au soin des ouailles. Il devait souffrir, se soumettre en cette vie, attendre patiemment pour être récompensé dans l'autre monde, se proposer comme idéal de perfection, l'*obéissance entière à un homme* (catéchisme des Jésuites), croire à des choses incompréhensibles, *parce qu'il a plu à Dieu d'exercer ainsi leur foi* (catéchisme de Bossuet), en un mot abdiquer toute personnalité et toute initiative.

La morale de la Révolution repose sur le respect de l'individu et a pour but le développement de toutes les facultés de l'être humain ; elle lui impose en outre le souci des autres ; faire le bonheur autour de soi, rendre plus heureux les êtres dont le sort est lié au nôtre, remplir le devoir de solidarité en vue du perfectionnement général de l'humanité, c'est la voie la plus sûre pour être heureux soi-même.

Les philosophes du XVIIIe siècle avaient déjà préparé cette doctrine ; mais leurs idées considérées comme nouvelles n'étaient guère sorties des salons, elles restaient inconnues de la masse et personne ne songeait à en faire la base d'un enseignement populaire dans les écoles.

Tout au contraire et dès la première heure, les hommes de la Révolution se sont préoccupés de réformer l'éducation morale et civique des citoyens. Le rapport de Talleyrand lu les 10 et 11 septembre 1791 réclame, en effet, qu'il fût rédigé, d'après les principes constitutionnels et la déclaration des droits de l'homme, un nouveau catéchisme pour l'enfance qui serait appris dans les plus petites écoles du royaume.

Mais l'enseignement moral et civique remonte plus haut. Dès 1790, nous rencontrons le *Catéchisme national* de l'abbé Hazard. Cet abbé fut un novateur. Il n'attendit pas les lois de l'Assemblée nationale et les décrets de la Convention pour se mettre à l'œuvre.

Ce catéchisme n'est pas seulement remarquable par sa date, il l'est par son texte.

On sait quel fut l'esprit libéral du clergé de 1789, qui s'unit au tiers état pour se former en Assemblée constituante. Pendant toute la première partie de la Révolution, le clergé se montra favorable aux idées nouvelles (1). On n'a pas oublié le nombre considérable de curés de petites communes qui faisaient partie des États généraux et comment, alors que les députés du tiers état se réunirent dans la salle du Jeu de Paume, les membres du clergé au nombre de 134 se rendaient à l'église Saint-Louis à Ver-

---

(1) Voir notamment le mandement de Monsieur l'évêque métropolitain de Paris, qui ordonna un *Te Deum* dans toutes les églises de son diocèse, en actions de grâces de l'heureuse conclusion des travaux de l'Assemblée nationale, le 18 septembre 1791.

sailles où deux jours plus tard ils donnaient asile aux communes et décidaient ainsi du sort de l'Assemblée constituante. C'est cet esprit à la fois libéral et religieux que nous retrouvons dans l'opuscule de l'abbé Hazard dont voici le titre exact :

Catéchisme national ou code religieux, moral et civil, dédié à l'Assemblée nationale, et présenté à Mgr le Dauphin, par M. l'abbé Hazard, prêtre breveté du roi, instituteur à l'École militaire de Nanterre. A Paris, de l'imprimerie d'Ant.-Jos. Gorsas, rue Tiquetonne, n° 7, 1790.

On lit en épigraphe ce vers de Voltaire :

Adore un Dieu, sois juste, et chéris la patrie.

Dans la dédicace à *nos seigneurs les représentants de la nation*, l'auteur exprime cette idée qu'un code religieux, moral et civil lui a paru l'ouvrage le plus utile en ce moment pour élever la génération prochaine dans les principes de notre nouvelle constitution.

L'abbé Hazard ajoute qu'il a traité son sujet comme ministre de l'Évangile, comme instituteur public et comme citoyen, et, en effet, le *Code* religieux s'occupe immédiatement de Dieu, de la religion, des commandements du Décalogue, du Nouveau Testament, de la religion chrétienne, des dogmes, des sacrements, etc. C'est bien là un catéchisme chrétien. Mais l'auteur ne s'en tient pas là.

Le Code moral qui forme la seconde partie du livre débute par un chapitre sur l'Évangile et sa morale. Il est bien dans les idées nouvelles de 1789 : l'esprit de la tolérance s'y révèle dès le début. Le passage suivant est significatif :

D. Ceux qui ne professent point notre religion sont-ils nos semblables ?

R. Oui, sans doute, et nous leur devons le même amour que s'ils nous étaient unis d'opinion.

D. La religion chrétienne n'admet donc point d'ennemis ?

R. La morale chrétienne ne reconnaît point d'autres ennemis que les ennemis de la patrie.

D. Est-il permis aux chrétiens de faire la guerre aux ennemis de la patrie ?

R. Malgré la douceur de sa morale, Jésus-Christ fait une vertu de l'obéissance aux lois de la guerre, et met la bravoure et le courage au rang du vrai mérite de la religion.

D. La morale chrétienne autorise-t-elle les insurrections ?

R. La morale évangélique défend de désobéir à la loi, donc elle interdit toute insurrection contre la loi.

Le chapitre II du *Code moral* traite des vertus morales. L'auteur les divise en vertus théologales, vertus sociales et vertus personnelles. Nous laissons de côté les premières.

Les vertus sociales sont au nombre de deux, savoir :

La dépendance des inférieurs à l'égard des chefs, et la justice des chefs à l'égard des inférieurs :

D. Qu'entendez-vous par chefs ?

R. J'entends tous ceux que la loi a préposés pour nous gouverner, depuis le monarque jusqu'au dernier substitut de son pouvoir exécutif.

D. Notre soumission à l'égard des chefs est-elle la même que nous devons à la loi ?

R. Oui, tant qu'ils nous commandent au nom de la loi.

D. Cette dépendance détruit-elle la liberté ?

R. Au contraire, point de société sans loi, et point de liberté sans soumission à la loi.

L'auteur donne ensuite la définition de la loi, « qui est faite par le peuple et exécutée par le roi. »

Les vertus personnelles que l'abbé Hazard regarde également comme vertus chrétiennes sont : la *prudence*, la *tempérance*, la *force* et la *justice*.

La dernière partie du *catéchisme national* est intitulée *Code civil* et traite de l'enseignement civique, à proprement parler. Au début, nous trouvons la définition du citoyen : « membre d'une famille nombreuse rangée sous une mère commune qu'on appelle la *Patrie !* »

Les devoirs du citoyen envers la patrie consistent à lui sacrifier ses talents, sa fortune, sa vie même.

Les dernières pages du catéchisme, qui ont trait à la *liberté*, à l'*égalité*, et aux *devoirs réciproques*, méritent d'être reproduites :

D. Qu'entend-on par liberté ?

R. On entend les droits légitimes de l'homme de penser, d'écrire et d'agir librement.

D. Quelles sont les bornes de cette liberté ?

R. Ce sont celles que les lois de la société et du gouvernement prescrivent à tous les citoyens, savoir :

Le respect aux droits d'autrui, et l'obéissance à la loi du gouvernement, qui est celui de la Nation.

D. Les impositions ne contrarient-elles point la liberté ?

R. Au contraire, les impositions étant perçues pour le soutien de l'État, assurent par là notre liberté, puisqu'elles mettent l'État à même de protéger et de défendre nos propriétés et nos jouissances.

D. Qu'est-ce que la licence ?

R. C'est la frénésie de toute passion qui, sous le nom de la liberté, rompt tous les liens de la société et de la morale.

D. La qualité du citoyen rend-elle les hommes égaux ?

R. Oui, aux yeux de la patrie et de la loi, tous les hommes sont égaux.

D. Cette égalité s'étend-elle jusqu'à la société ?

R. Non : la Providence a voulu, pour le commerce des hommes et l'utilité générale, que la société fût composée de riches et de pauvres, de grands et de petits, de savants et d'ignorants, de bons et de méchants, afin que, de cette diversité de classes, de besoins, de puissances et d'opinions, il en résulte une multitude de relations, de rapports capables de lier les hommes entre eux (1).

D. Quels sont les devoirs réciproques de citoyen à citoyen ?

R. De s'aimer comme frères, de se respecter, de s'entre-secourir dans le besoin.

D. Les citoyens ne doivent donc pas s'armer contre leurs égaux ?

R. Non; mais ils doivent s'armer contre les mauvais patriotes, les ennemis du bien et de la tranquillité publique et défendre la loi et la constitution jusqu'à la mort...

D. Quels sont les devoirs des citoyens en place ?

R. Ils ne doivent jamais perdre de vue que c'est la confiance seule de leurs égaux qui a placé dans leurs mains le glaive de la loi, pour défendre et protéger leurs intérêts avec zèle, intégrité et justice.

D. Quels sont les devoirs des citoyens envers les chefs qu'ils se sont donnés ?

---

(1) Ici l'auteur s'inspire directement de la doctrine chrétienne, et de la théorie des causes finales peu en rapport avec les idées philosophiques de la Révolution. Il se met en contradiction avec l'esprit général de son livre.

R. Les respecter, les soutenir, les estimer, avoir pour eux la même soumission que celle qu'on doit à la loi, dont ils sont les dépositaires et les organes.

D. Quel cas doit-on faire des citoyens qui briguent des places ?

R. Aucun, et cette conduite seule est un titre d'exclusion.

D. Quels sont les devoirs civiques des pères et mères envers leurs enfants ?

R. C'est de les élever dans la connaissance des principes de la constitution sous laquelle ils doivent vivre, de leur imposer cette bravoure française, cette énergique liberté que donnent nos lois, cet amour pour les *Bourbons* que le nom de Louis XVI a éternisé dans le cœur des Français.

Parfaitement constitutionnel et royaliste, le catéchisme de l'abbé Hazard est en même temps inspiré par le véritable esprit de 1789. C'est bien l'œuvre d'un membre du clergé national et patriote. Les idées religieuses qui s'y rencontrent sont plus libérales qu'orthodoxes. D'ailleurs, nous retrouverons ce caractère religieux dans le plus grand nombre des manuels rédigés à cette époque, même par des laïques. Il ne faut pas oublier que, dès le début de la Révolution, Mirabeau déclarait que le catholicisme était la religion nationale et par là excluait l'idée moderne de la séparation de l'Église et de l'État. Guyton de Morveau, dans son rapport sur l'éducation publique, disait que « la religion doit marcher avant tout dans l'éducation » et Talleyrand, dans son rapport sur l'instruction publique à l'Assemblée constituante, fait figurer parmi les matières de l'enseignement primaire « les principes de la religion et les éléments de la morale. » Plus tard, Danton s'écriait : « Nous n'avons pas voulu anéantir la superstition pour établir le règne de l'athéisme », et les hommes de la Convention pensaient en général avec Robespierre que « l'idée de l'Être suprême et de l'immortalité de l'âme étant un rappel continuel à la justice, elle est par là sociale et républicaine. »

Mais cette religion nationale adoptée par la Révolution française devait être transformée elle-même par la philosophie ou, pour parler plus exactement, la philosophie allait devenir elle-même une religion : la religion du *vicaire savoyard.* C'est l'influence de Jean-Jacques Rousseau qui se fait sentir dans presque tous les ouvrages d'enseignement moral et civique que nous allons avoir à analyser. Et, chose singulière, cette alliance de la philosophie et de la religion persiste même dans les livres où les prêtres et les *anciennes religions* sont attaqués avec le plus de violence.

L'idée d'une morale indépendante n'a pas encore pénétré, même dans les esprits les plus éminents. Le principe moderne de la séparation de la morale et de la religion n'apparaît qu'avec Condorcet. Dans son rapport lu le 21 avril 1792 à l'Assemblée législative, il s'exprime ainsi : « La Constitution, en reconnaissant le droit qu'a chaque individu de choisir son culte, en établissant une entière égalité entre tous les habitants de la France, ne permet point d'admettre dans l'instruction publique un enseignement qui, en repoussant les enfants d'une partie des citoyens, détruirait l'égalité des avantages sociaux, ou donnerait à des dogmes particuliers un avantage contraire à la liberté des opinions... D'ailleurs combien n'est-il pas important de fonder la morale sur les principes de la raison ! Quelque changement que subissent les opinions d'un homme dans le cours de la vie, les principes établis sur cette base resteront toujours également vrais ; ils seront toujours invariables comme elle ; il les opposera aux tentatives qu'on pourrait faire pour égarer sa conscience. » Et Condorcet ajoute dans les notes qui sont jointes à son rapport : « De quelque opinion que l'on soit sur l'existence d'une cause première, on ne peut soutenir qu'il soit utile d'enseigner la mythologie d'une religion, sans dire qu'il peut être utile de tromper les hommes. D'ailleurs, les philosophes théistes ne sont pas plus d'accord que les théologiens sur l'idée de Dieu et sur ses rapports moraux avec les hommes. »

LES CATÉCHISMES CIVIQUES

PENDANT LA CONVENTION NATIONALE.

LE CONCOURS DE LAKANAL.

L'AMI DES JEUNES PATRIOTES.

LE CATÉCHISME FRANÇAIS.

LE MANUEL DES JEUNES RÉPUBLICAINS.

LE CATÉCHISME DU CITOYEN BULARD.

LE MANUEL RÉPUBLICAIN.

L'ÉDUCATION

INDISPENSABLE AUX HOMMES LIBRES.

VÉRITABLE INSTRUCTION

RÉPUBLICAINE.

LE CATÉCHISME DE VOLNEY.

II

Les Catéchismes civiques pendant la Convention nationale. — Le Concours de Lakanal.— L'Ami des jeunes Patriotes. — Le Catéchisme français. — Le Manuel des jeunes Républicains. — Le Catéchisme du citoyen Bulard. — Le Manuel républicain. — L'Éducation indispensable aux Hommes libres. — Véritable Instruction républicaine. — Le Catéchisme de Volney.

Ce fut la Convention qui mit de nouveau la question à l'ordre du jour. En 1793, Lakanal fit rendre un décret qui ouvrit un concours pour la composition d'ouvrages élémentaires, parmi lesquels figurait un traité d'instruction morale et civique.

Nous avons été assez heureux pour retrouver dans la riche bibliothèque du musée Carnavalet (1) le plus grand nombre des œuvres d'éducation morale et civique que la Convention fit *sortir de terre.* Elles nous ont paru dignes d'un examen attentif.

Toutefois il faut savoir nous borner. Nous laisserons de côté tout ce qui n'a pas un caractère pédagogique primaire, les livres destinés aux hommes faits, traités de morale et manuels politiques, de même que le célèbre *Recueil des actions héroïques des républicains français*, présenté à la Convention nationale par Léonard Bourdon, député du Loiret et imprimé par ordre de la Convention nationale, sorte de *morale en action* qui paraissait par livraisons (2).

Nous éliminerons encore les ouvrages de pédagogie qui n'ont pas trait directement à la morale et à l'enseignement civique, tels que ces nombreux *Modèles d'écriture* reproduisant la declaration des

---

(1) Bibliothèque et musée de la ville de Paris et de la Révolution française. La bibliothèque se compose surtout des dons faits par le bibliothécaire actuel M. Cousin, par l'ancien sous-bibliothécaire, M. de Liesville, et par le marquis de Turgot.

(2) Voir sur le *Recueil des Actions héroïques* les indications excellentes données par M. J. Guillaume dans son article sur les *Livres élémentaires de la Révolution*, publié dans le *Dictionnaire de pédagogie* de M. Buisson.

droits de l'homme et du citoyen, les grammaires républicaines illustrées par des exemples patriotiques, le *Décadaire républicain ou le calendrier des vertus* du citoyen Desforges, hommes de lettres, qui marque chaque jour par le nom d'une vertu à pratiquer, pensant que désormais « l'homme pourra compter tous ses jours par toutes les vertus dont il est suspectible » et le *Catéchisme historique et révolutionnaire* de Rouy l'aîné, qui contient un récit des événements historiques contemporains et relate les actions d'éclat qui se sont produites jour par jour dans les armées de la Convention.

Enfin nous laisserons de côté deux ouvrages d'intérêt secondaire auxquels le lecteur pourra néanmoins se reporter : *Le premier livre ou alphabet du républicain à l'usage des écoles primaires, contenant le syllabaire, des observations sur la prononciation, la prière à l'Être suprême, la déclaration des Droits de l'homme et du citoyen, conseils à un jeune républicain, éléments de la grammaire française suivis de la conjugaison des verbes et des principes d'orthographe, explication sur la division de l'année, sur les poids et mesures, mise à la portée des enfants, chez la citoyenne Roudier imprimeur-libraire; an II.* De même, *l'Alphabet républicain suivi de conseils simples et à la portée des enfants, propres à leur inspirer l'amour de la liberté et de l'égalité et toutes les vertus républicaines (Dijon chez la veuve Defays, an III).* On y trouve les six commandements de la liberté relatifs aux devoirs du citoyen actif.

1. A la section tu te rendras
De cinq en cinq jours strictement;

2. Connaissance tu prendras
Pour ne point voter comme ignorant;

3. Lorsque ton vœu tu émettras
Que ce soit toujours franchement;

4. Tes intérêts discuteras
Ceux des autres pareillement.

5. Jamais tu ne cabaleras;
Songe que la loi le défend.

6. Toujours les gardes monteras
Et par toi-même exactement.

Cet opuscule contient un chapitre sur la religion que nous pouvons reproduire en entier, car il se compose de cette seule phrase : « La Religion consiste à ne faire à autrui ce que nous ne voudrions pas qui nous fût fait. »

Les ouvrages que nous nous proposons d'examiner (au nombre de dix) ont tous un caractère pédagogique absolu et dans une certaine mesure un caractère officiel, soit qu'ils aient été recommandés par la Convention, par la Commune ou par les Sections.

L'Ami des jeunes patriotes ou catéchisme républicain, dédié aux jeunes martyrs de la liberté, par Chemin fils, à Paris; chez l'auteur, an II, nous propose tout d'abord les exemples du jeune Barra, d'André Pajot, le tambour de quinze ans, du canonnier Richer qui, comme Barra, refusa de crier : « Vive le Roi ! » pour racheter sa vie. Puis l'auteur se livre à des réflexions un peu naïves sur l'utilité qu'il y a pour un citoyen à savoir lire (il n'a besoin de personne pour apprendre les lois de son pays, écrire et compter). Il nous offre une sorte d'histoire de la fondation de la République, où on lit que « le peuple français a longtemps été opprimé par un petit nombre d'individus qui s'étaient approprié tous les droits et tous les biens de la nation, mais ces individus aussi stupides que criminels, appelés rois, princes, nobles, évêques, etc..., rendirent le peuple si malheureux en l'accablant d'impôts et de vexations, qu'ils le réduisirent au désespoir. » On trouve dans le même volume la déclaration des droits de l'homme, la Constitution du peuple français, une instruction pour l'année républicaine, pour les saisons, des chants patriotiques : la *Marseillaise*, *Veillons au salut de l'Empire*, la *Chanson des sans-culottes* et quelques gravures, notamment la mort de Barra, les portraits de Pajot et Richer et ce qui est plus étonnant, au-dessous de l'image de la Liberté, les portraits de Marat, Lepelletier et Brutus. Cet ouvrage, qui a pour but, selon l'expression de l'auteur, « d'apprendre à lire aux enfants en leur inspirant les principes de la Révolution », fut adopté par la Convention nationale avec mention honorable et approuvé par la Commune de Paris ainsi que par les sections et sociétés populaires.

Cet ouvrage se distingue surtout par son caractère violent et antipédagogique. On y voit l'esprit de parti se mêler aux préoccupations les plus honorables de l'éducation populaire. Cela devient plus sensible encore dans l'ouvrage suivant moins réservé encore que le précédent.

Le Catéchisme français républicain enrichi de la déclaration des droits de l'homme et des maximes de la morale républicaine, propre à l'éducation des enfants des deux sexes, par un sans-culotte français, à Paris, chez Debarb, an 2e de la République, est l'œuvre d'un esprit passionné et non d'un pédagogue. Dès son avant-propos, ce sans-culotte nous déclare que tout le mal vient des prêtres et que « sans les lumières de la philosophie, nous livrerions encore nos biens aux ministres des cultes. soit par crainte des peines de l'enfer, soit par celle de la métempsycose... Il est temps qu'on apprenne aux enfants ce qu'ils ont à faire dans ce monde, après avoir employé plusieurs siècles à les instruire des chimères de l'autre. »

Il suffira de quelques extraits pour montrer que l'auteur est resté fidèle à son programme :

D. Quel est le principal devoir prescrit par la religion ?

R. D'être honnête homme.

D. A quels traits reconnaissez-vous un honnête homme ?

R. Celui qui obéit scrupuleusement aux lois de son pays et qui fait à autrui ce qu'il voudrait qu'on lui fît est assurément un honnête homme.

D. La Divinité exige-t-elle un culte public et bruyant ?

R. Je ne le crois pas ; aussi la plupart des mômeries religieuses qui ont parcouru le monde depuis plusieurs siècles ont-elles été inventées par les prêtres, dont le crédit a toujours été fondé sur la superstition.

D. Les prêtres sont-ils nécessaires ?

R. Ils ne sont pas même utiles.

On peut juger par là de la partie religieuse de ce catéchisme; la partie de l'enseignement civique n'est autre chose que le commentaire de la déclaration des droits de l'homme et ne présente aucun caractère particulier.

Le Manuel des jeunes Républicains ou éléments d'instruction à l'usage des jeunes élèves des écoles primaires à Paris, chez Devaux, an 2e de la République française, une et indivisible, présenté par le citoyen Patris, imprimeur de la Commune de Paris, et Devaux, imprimeur de la Convention, fut accueilli par la Convention, ainsi que par le Conseil et par les Sections. Il peut être considéré comme l'un des manuels officiels de la Révolution, et pourtant il n'est, à aucun point de vue, le plus remarquable qu'ait produit cette époque. Au début, nous trouvons les anecdotes sur le jeune Barra, extraites du *Journal des faits héroïques publié par le comité d'instruction publique de la Convention nationale*.

Suit un précis historique de la nation française et de sa révolution. C'est un résumé bien succinct et singulièrement partial, ainsi qu'on peut en juger par le passage suivant, consacré aux règnes de Louis XIV, de Louis XV et de Louis XVI : « Le faste de la cour, l'ambition de Louis XIV obéra la France, Louis XV la ruina en voulant mettre l'électeur de Bavière sur le trône de l'Empire et en priver le mari de la reine de Hongrie. Cette dernière, pour se venger de la France, maria sa fille Antoinette à Louis XVI. A cette époque la cour devint le théâtre du désordre et du libertinage. » Cette première partie de l'ouvrage se termine par le récit enthousiaste des premières journées de la Révolution.

La seconde partie, consacrée à l'enseignement civique, est conçue dans un esprit plus modéré. Le catéchisme français indique les conditions dans lesquelles on acquiert et on perd la qualité de Français, il énumère et commente les droits naturels et imprescriptibles de l'homme, indique quelle est l'organisation électorale, quels sont les pouvoirs législatif, exécutif et judiciaire. Le volume se termine par la géographie des départements de la France, l'acte constitutionnel précédé de la déclaration des droits de l'homme et les actions héroiques et civiques des républicains français !

Tous ces petits traités portent la date de l'an II. Ils paraissent avoir été faits avec autant de précipitation que de partialité, pour répondre complaisamment aux vœux de la Convention.

Le Catéchisme du citoyen Bulard dont nous

avons à parler maintenant, est une œuvre sérieuse, méditée, qui mérite d'être citée dans ses extraits principaux. Elle n'est pas datée, mais elle est vraisemblablement de l'an II. En voici le titre exact :

Catéchisme de morale républicaine pour l'éducation de la jeunesse, rédigé d'après le décret de la Convention nationale du 9 pluviôse avec cette épigraphe : l'instruction est le droit de tous, tirée de la déclaration des droits de l'homme, article 22, par le citoyen Bulard, de la section de Brutus, à Paris, chez Lallemand, libraire.

Dans sa préface, l'auteur fait remarquer qu'une monarchie peut bien se soutenir par la sévérité des lois d'un despote, mais que la République ne peut subsister que par les vertus des citoyens. Il ajoute : « Il est deux vérités qu'il est d'abord essentiel d'établir ; la première est que l'homme est le produit de son éducation, c'est-à-dire que s'il est bien élevé, il sera bon, et que s'il est mal élevé, il court risque d'être méchant ou du moins sans vertu. La seconde vérité, c'est que l'homme, dès l'âge le plus tendre, est susceptible d'être dirigé vers le bien. Son caractère commence à se former, dit Rousseau, dès que ses yeux sont ouverts ; plus tard, on acquiert des connaissances; mais à cet âge on contracte des habitudes, et dans le reste de la vie, on ne fait guère que les garder. »

Le premier chapitre est consacré à l'homme, être raisonnable, distinct des autres animaux par l'excellence de son organisation et surtout par ses facultés intellectuelles, c'est, selon le citoyen Bulard, le don de la parole qui a contribué le plus à établir l'empire de l'homme sur la terre : « Qu'aurait fait l'homme isolé, réduit à ses propres forces, entouré d'animaux plus hardis, plus forts et mieux armés que lui. Il serait infailliblement devenu leur proie, mais il a employé le secours de ses semblables, en faisant passer dans leur âme ses idées et ses sentiments, il leur a communiqué ses vues, a concerté avec eux ses plans d'attaque et de défense, et la victoire est restée à l'espèce qui a su réunir ses forces et les employer avec sagesse. »

Le second chapitre traite de Dieu :

D. Qu'est-ce que Dieu ?

R. C'est l'Être suprême par qui tout existe.

D. Faut-il croire qu'il y a un Dieu ?

R. Oui, sans doute; et s'il existait quelqu'un qui osât nier son existence, qu'il jette les yeux sur le ciel, la terre, la mer, sur lui-même, sur tout ce qui l'environne, et qu'il prononce.

L'auteur du catéchisme nous dit ensuite nos devoirs envers Dieu, qui sont des sentiments d'amour et de respect. L'hommage le plus flatteur que nous puissions lui rendre, c'est de le reconnaître et de l'aimer, de suivre exactement les principes de la loi naturelle qu'il a gravés dans nos cœurs.

Les principaux chapitres qui suivent peuvent se résumer ainsi : l'homme est né pour vivre en société à la fois dans l'état de famille et dans l'état civil. Ce sont les lois qui ont fait passer les hommes de l'état de nature à l'état civil. La loi est l'expression de la volonté générale. Elle est faite par le souverain, c'est-à-dire par l'universalité des individus qui composent la nation. La liberté a sa limite morale dans cette maxime : *Ne fais point à autrui ce que tu ne voudrais point qui te soit fait.*

Après avoir énuméré et défini les diverses sortes de gouvernement, l'auteur pose cette question :

D. Quels sont les avantages du gouvernement démocratique ?

R. Il assure à tous les citoyens l'égalité, la liberté, la sûreté, la propriété.

D. Est-ce que les autres gouvernements ne présentent pas les mêmes avantages ?

R. Non, les autres gouvernements violent au contraire ces droits précieux de l'homme, étouffent les vertus dans leur naissance ou en arrêtent du moins le développement et l'énergie.

D. Quels sont les principes moraux de la Constitution française ?

R. Elle reconnaît l'Être suprême, honore la loyauté, le courage, la vieillesse, la piété filiale, le malheur.

D. Quelles sont les vertus sociales ?

R. La piété envers Dieu, l'amour de la patrie, la piété envers les parents, l'obéissance aux lois, la justice, la bonne foi et la sincérité, la bienfaisance, l'austérité dans les mœurs, la tempérance dans le bien, la patience dans les maux, le courage dans les dangers et l'amour du travail.

L'amour de la patrie doit être la première vertu; elle consiste à être jaloux de sa liberté, de son honneur, de sa gloire et de sa prospérité; elle inspire au vrai républicain des sentiments d'héroïsme. (Suit l'exemple des trois cents Spartiates qui se sont sacrifiés au passage des Thermopyles et l'exemple du jeune Barra.)

Les autres vertus républicaines sont commentées de même.

Nous citerons en entier le chapitre consacré à l'*obéissance aux lois* :

D. Pourquoi faut-il obéir aux lois ?

R. C'est parce qu'elles sont l'expression de la volonté générale.

D. N'y a-t-il pas un autre motif de cette obéissance ?

R. Oui, notre intérêt même nous en fait un devoir; car le but des lois est de nous rendre heureux, en assurant l'égalité, la liberté, la propriété et la sûreté des personnes.

D. Cependant, il peut arriver qu'une loi soit contraire à notre intérêt; dans ce cas faut-il y obéir ?

R. Oui, parce que si elle blesse quelques-uns de nos intérêts particuliers, elle favorise l'intérêt général. D'ailleurs, si l'obéissance aux lois était une chose arbitraire, chacun les enfreindrait pour une cause ou pour une autre, et bientôt elles n'existeraient plus ; alors la confusion se mettrait dans la société.

D. Quel est le devoir que nous impose l'obligation d'obéir aux lois ?

R. C'est celui de respecter toutes les autorités constituées, qui sont les organes et les dépositaires de la loi, et de leur obéir sur-le-champ quand elles parlent en son nom.

D. Les citoyens n'ont-ils pas au moins le droit de faire des représentations quand une loi blesse évidemment leurs intérêts ?

R. Il n'y a nul doute à cet égard. La constitution même leur donne le droit d'adresser des pétitions. Mais en attendant que la loi dont ils se plaignent soit réformée ou mieux appliquée, ils doivent toujours s'y conformer.

On pourrait faire cette remarque, que les hommes de la Convention n'ont pas toujours été fidèles observateurs des principes qu'ils faisaient enseigner à la jeunesse, mais l'histoire de la Révolution nous montre que les théoriciens conservèrent presque toujours dans leurs écrits un esprit de sagesse et de modération, qui ne devait pas se rencontrer dans la pratique.

Le Manuel républicain, ouvrage destiné à l'éducation des enfants de l'un et de l'autre sexe, et à leur inspirer le goût du travail et des vertus républicaines, enrichi de la déclaration des droits de l'homme, de la morale d'Épictète, d'un extrait des pensées de Marc-Aurèle, des maximes des républicains, tant anciens que modernes, et des exemples d'héroïsme, de désintéressement et de vertu pris dans la Révolution française et propres à former le cœur des jeunes citoyens, à Amiens, chez Caron Berquier, an 3e, ne contient en lui-même rien de bien caractéristique. Son originalité est dans le choix des citations empruntées aux philosophes de l'antiquité. Les exemples cités à l'appui sont parfois assez malencontreux. Il faut bien reconnaître d'ailleurs que rien n'est moins à la portée des enfants que la morale d'Épictète, qui commande le mépris des richesses, le détachement des sentiments les plus naturels et les plus légitimes. Que ces maximes puissent convenir au philosophe dans la retraite, au religieux dans ses méditations, nous l'accordons sans peine ; mais elles ne sauraient inspirer utilement des citoyens vivant dans une société organisée, industrielle et progressive. Nous touchons ici à une des erreurs les plus graves de la Révolution française. Son admiration exclusive pour l'antiquité classique, sa fidélité aveugle pour les idées de J.-J. Rousseau, se trouvent souvent en contradiction avec sa foi si ardente dans la cause du progrès et de l'humanité.

L'ouvrage suivant paraît refléter assez exactement les idées politiques dominantes à l'époque où il a été écrit : *Éducation indispensable aux hommes libres et à leurs enfants, ou instruction morale et historique. Moyen simple pour élever la jeunesse dans les principes de la vraie religion, l'amour de la patrie et de la liberté, à l'usage des écoles primaires, présenté à la Convention nationale et accueilli par les représentants du peuple. A Paris, chez Prevost, an troisième de la république française, une et indivisible.* Ce petit opuscule est orné d'une gravure représentant les derniers moments de Jean-Jacques Rousseau. Le chapitre I traite de l'Être suprême et des preuves de son existence. L'auteur, après avoir réfuté dans ses réponses l'athéisme, le matérialisme et le spinosisme, pose cette dernière question :

D. As-tu quelque chose à ajouter sur cet objet ?

R. Non, mais je ne puis me résoudre à finir cet article sans remercier et féliciter la Convention nationale, sur son sublime décret du 18 floréal qui déclare à toute la terre que le peuple français reconnaît l'existence de l'Être suprême et l'immortalité de l'âme ; elle désarme et réduit au silence la malveillance de ses ennemis, qui commençaient déjà à nous accuser d'athéisme ; elle a mis la Providence de notre côté, en lui attribuant, avec raison, l'honneur de nos succès ; enfin, après avoir délivré la nation de la royauté et du fanatisme, l'avoir vengée des crimes des rois et des prêtres, après avoir brisé le sceptre de la tyrannie et renversé l'autel du mensonge, il lui restait à nous donner un culte pur et vrai, pour rendre grâce à l'Être suprême de tous ses bienfaits et lui en demander de nouveaux, c'est ce qu'elle a fait par le plus sage des décrets qu'elle ait jamais rendus.

L'auteur s'applique ensuite à démontrer que toutes les religions qui ont existé sont fausses et qu'il n'y a de vraie que la religion naturelle.

D. Qu'est-ce que la religion catholique ?

R. C'est une religion qui, soi-disant, a eu Jésus-Christ pour fondateur, les apôtres pour prédicateurs, et le Pape pour vicaire de Dieu même et qui est le chef visible de cette religion sur la terre.

Suit l'histoire de tous les maux produits par la religion catholique. Citons seulement la conclusion :

D. Que concluez-vous de là ?

R. Je conclus que de tous les événements de notre Révolution, le plus merveilleux, le plus heureux dans ses effets, est l'abolition du culte catholique, de cette religion des esclaves, qui n'est point faite pour être celle des hommes libres, ni pour honorer l'Être suprême; c'était peu que le peuple français, en brisant le sceptre et la couronne, se fût affranchi du joug des rois et de la royauté, il n'était libre qu'à demi, s'il n'eût point détruit celui des prêtres ; il l'a fait, il est donc libre enfin ! Mille grâces en soient rendues à l'Auteur de la nature, et puisse, sous ses auspices, la religion naturelle devenir le culte de tous les peuples de la terre, et le régime républicain le seul gouvernement, et que, d'une extrémité du globe à l'autre on n'entende qu'un cri : « Dieu et liberté. »

La partie consacrée à la morale, procède d'un sentiment moins emphatique et moins partial. Nous citerons comme caractéristique le passage suivant :

D. Après nos père et mère, à qui devons-nous davantage ?

R. A nos instituteurs. Ils tiennent la place de nos père et mère pour nous procurer le bien inestimable d'une bonne éducation; ces citoyens éclairés et sages qui consacrent leur génie, leur temps et leurs soins au noble et pénible travail de l'instruction, et qui font de nous des hommes utiles à la société, méritent certainement toute notre reconnaissance.

Avec l'enseignement civique, l'auteur retombe dans la politique. Il conte dans le détail les événements contemporains, prend parti pour l'opinion la plus avancée, traite Danton, Camille Desmoulins et Robespierre de tyrans, de traîtres et de conspirateurs. Signalons en passant, pour les historiens de la Révolution, un récit très circonstancié de la mort de Robespierre, dont l'auteur paraît avoir été témoin oculaire. Le livre se termine par le récit et l'éloge enthousiaste des actions héroïques de Barra et de Viala.

Il est clair que la controverse politique et religieuse doit être bannie de l'école. Pourtant il ne faudrait pas reprocher trop sévèrement aux rédacteurs des manuels civiques de la Révolution d'avoir parlé des événements au milieu desquels ils vivaient. La société nouvelle n'avait pas encore découvert ses véritables origines dans le passé, et il lui fallait chercher des exemples et des appuis, soit dans les républiques anciennes, soit dans les faits contemporains.

Ce qu'on pourrait exiger, c'est une modération dans les jugements, une impartialité qui fait défaut dans le livre dont nous venons de donner des extraits. Ici encore c'est la passion qui a emporté l'auteur au delà des limites convenables, surtout en ce qui touche la question religieuse. Quelques années plus tard, les rédacteurs de manuels de morale civique de la Révolution entrevirent et appliquèrent loyalement le vrai principe pédagogique et libéral en matière religieuse, c'est-à-dire la neutralité de l'école.

Il est clair que ce mouvement littéraire de l'enseignement moral et civique, devait fatalement provoquer des conceptions bizarres. Nous devons reconnaître cependant que nous n'avons trouvé qu'un livre qui puisse être classé dans cette catégorie. L'impartialité nous fait un devoir de le signaler;

c'est en effet un manuel bien naïf et bien singulier que celui qui a pour titre : *Véritable instruction républicaine pour les jeunes citoyens présentée à la Convention nationale à l'usage des écoles nationales et des mères de famille par Jéjalel : se trouve à Paris à l'imprimerie Celère, rue Galande.*

Cette instruction faite sous forme de dialogue familier entre une mère et sa fille, débute ainsi :

Fille. Oh ! que cette fête civique était belle, maman ; que j'aurais eu du plaisir d'y voir papa !

Mère. Ma chère fille, ton papa a contribué par sa valeur aux succès qui ont donné lieu à cette belle fête; il a volé des premiers à la défense de la terre de la liberté, et n'a cessé depuis de combattre les ennemis de la République. C'est la reprise de Toulon que le peuple a célébrée par une si belle fête. Il n'appartient qu'à des hommes libres d'enchaîner ainsi la victoire et de la faire servir à la félicité publique. Que tu es heureuse, ma fille, d'être née pour couler tes jours sous un gouvernement sage.

Hélas ! mes premiers lustres, sous un règne oppresseur et tyrannique, se sont passés dans la misère, les craintes et les larmes.

La *Fille* répond à sa mère avec enthousiasme :

« Je t'aime bien : m'aimes-tu ? je n'aimerais pas une autre maman. » Et la mère de lui répondre :

« Ma chère fille, une autre maman aurait pour toi la même tendresse, parce que tu serais sa fille. L'Auteur de la nature l'a ainsi voulu pour conserver et perpétuer tous les êtres qui ont vie.

Fille. Est-ce qu'on ne peut pas vivre sans maman ?

Mère. Non seulement on ne peut pas vivre sans maman, on ne peut pas même naître à la vie sans le concours des êtres de la même espèce. C'est en cela, ma fille, que brille la sagesse de Dieu, qui fonde l'existence et le bonheur de tous les êtres sur l'assistance et la tendresse de leurs semblables.

Fille. Qu'est-ce que Dieu, maman : est-ce papa ?

La mère répond : Non, ma fille. Dieu est l'auteur inconnu de tout ce qui existe.

Plus loin elle complétera l'éducation de sa fille en lui disant : « Ton existence, tu la dois à moi et à ton papa, » et en ajoutant : « Tout cela est ta famille, que tu dois aider à maintenir et à perpétuer. » Enfin la mère dit à sa fille que le vrai nom de la vertu est *amour*.

Fille. Que ce nom est joli ! maman. Je pratique donc la vertu, car je t'aime bien. Je me souviendrai bien de ce nom-là, maman : oh ! je m'en souviendrai bien !

La mère avertit sa fille de se tenir en garde contre le faux amour, qui est le vice, et la fille répond : « Ne me parle plus de celui-là, parle-moi du joli amour qui est la vertu. »

Tout cela n'est pas et surtout ne veut pas être immoral. On ne peut y relever qu'un manque de pudeur, de goût, une fausse naïveté mêlée à l'idée de donner à l'enfant des connaissances trop positives pour son âge et pour son sexe.

Suit le commentaire de la déclaration des droits de l'homme destiné aux jeunes filles, œuvre bien bizarre, et que nous regrettons de ne pouvoir citer.

Le volume se termine par une anecdote orientale : *Chemsen nissa* qui, malgré sa prétention moralisatrice, semblerait aujourd'hui peu édifiante. Mais il ne faudrait pas ici prendre le change. Les hommes de la Révolution ne sauraient être accusés d'avoir voulu enseigner l'immoralité. Nous le répétons, les intentions sont pures, alors même que le langage a cessé de l'être.

A côté de cette élucubration ridicule, nous sommes heureux de placer un ouvrage d'un vrai mérite émanant d'un des esprits les plus distingués du XVIIIe siècle. Bien que le catéchisme de Volney ne soit pas particulièrement destiné aux enfants des écoles, bien qu'il s'adresse surtout aux hommes faits, nous avons pensé qu'il méritait d'être analysé tant à raison de sa valeur que de l'influence qu'il exerça nécessairement sur les ouvrages de même nature publiés à la même époque.

Le *Catéchisme du citoyen français* par Volney parut en 1793. L'auteur y expose les principes d'une morale qui s'appuie sur la nature même de l'homme en dehors de toute conception métaphysique ou théologique.

Volney, dans sa préface, indique le but et la portée de son catéchisme :

« Maintenant que le genre humain grandit, il est temps de lui parler raison ; il est temps de prouver aux hommes que les mobiles de leur perfectionnement se tirent de leur organisation même, de l'intérêt, de leurs passions et de tout ce qui compose leur existence. Il est temps de démontrer que la morale est une science physique et géométrique, soumise aux règles et aux calculs des autres sciences exactes : et tel est l'avantage du système exposé dans ce livre, que les bases de la moralité y étant fondées sur la nature même des choses, elle est fixe et immuable comme elles; tandis que, dans tous les systèmes théologiques, la moralité étant assise sur des opinions arbitraires non démontrables et souvent absurdes, elle change, s'affaiblit, périt avec elles et laisse les hommes dans une dépravation absolue.

Volney divise les vertus en trois classes : les vertus individuelles, les vertus domestiques et les vertus sociales. Les vertus individuelles sont :

1° La science, qui comprend la prudence et la sagesse.

2° La tempérance, qui comprend la sobriété et la chasteté. La chasteté est une vertu parce que la modération dans l'usage de la plus vive de nos sensations est non seulement utile mais indispensable au maintien des forces et de la santé.

3° Le courage ou la force du corps et de l'âme.

4° L'activité ou l'amour du travail, qui est une vertu, parce que l'homme qui emploie utilement son temps en retire mille avantages précieux pour son existence.

5° La propreté et la pureté du corps tant dans les vêtements que dans l'habitation. La propreté est une vertu parce qu'elle influe puissamment sur la santé du corps et sa conservation.

Les vertus domestiques sont : l'économie, l'amour paternel, l'amour filial, l'accomplissement des devoirs de maître et de serviteur.

La vertu sociale par excellence est la justice qui comprend toutes les autres parce qu'elle embrasse la pratique de toutes les actions qui sont utiles à la société et que toutes les autres vertus sous les noms de charité, d'humanité, de probité, d'amour de la patrie, de sincérité, de générosité, de simplicité de mœurs et de modestie ne sont que des formes variées et des applications diverses de cet axiome : Ne fais pas à autrui ce que tu ne veux pas qu'il te fasse. »

La justice dérive des trois attributs physiques inhérents à l'organisation de l'homme : l'égalité, la liberté, la propriété. Tous les hommes sont égaux par nature; ils sont libres et indépendants les uns des autres; chacun est maître absolu de son corps et des produits de son travail. « Égaux, libres, ne se devant rien, ils n'ont le droit de rien se demander les uns aux autres qu'autant qu'ils se rendent des valeurs égales, qu'autant que la balance du donné au rendu est en équilibre; et c'est cette égalité, cet équilibre qu'on appelle *justice*, *égalité.* » On le voit la morale de Volney est la morale de l'intérêt personnel bien entendu, fondée sur le principe de la conservation de soi-même, en ce qu'elle a de plus noble et de plus élevé.

LA
MORALE CIVIQUE SOUS LE DIRECTOIRE.
LE RAPPORT DE LAKANAL.
LES PRINCIPES DE LA MORALE DE LA CHABAUSSIÈRE.
INSTRUCTION ÉLÉMENTAIRE DE J.-B. CHEMIN.
LES THÉOPHILANTHROPES.
CATÉCHISME MORAL RÉPUBLICAIN.
FRANÇOIS DE NEUFCHATEAU.

III

La Morale civique sous le Directoire. — Le Rapport de Lakanal. — Les Principes de la Morale de la Chabaussière. — Instruction élémentaire de J.-B. Chemin. — Les Théophilanthropes. — Catéchisme moral républicain. — François de Neufchâteau.

Nous avons vu ce qu'avait produit l'esprit libéral et modéré de nos premières Assemblées dans l'enseignement civique de la jeunesse et aussi quelle avait été l'influence des idées absolues et radicales de la Convention.

A cette effervescence succède une période plus calme. On trouvera le reflet de cet apaisement et de ces sentiments de conciliation dans les œuvres plus importantes et plus sérieuses que nous. avons à analyser maintenant.

C'est en l'an IV que Lakanal fit son rapport sur les livres élémentaires (*Moniteur universel*, 7 et 8 frimaire an IV 29 et 30 novembre 1795), ce rapport fut lu en Conseil des Cinq-Cents dans la séance du 14 brumaire par Lakanal, sur les livres élémentaires présentés au concours ouvert par la loi du 9 pluviôse an II.

Tout d'abord Lakanal donne son avis sur la façon dont on doit comprendre un manuel d'éducation morale et civique. Puis, il examine les ouvrages qui ont été soumis à son examen.

Il est à remarquer qu'aucun des livres que nous avons analysés n'est mentionné dans son rapport.

Il est clair que les auteurs n'ont pas attendu le rapport de Lakanal pour publier leur travail, et que le plus souvent, ils ont sollicité directement l'approbation, soit de la Convention, soit de la Commune, soit des sections :

« Il faut surtout un génie particulier, dit Lakanal, pour écrire des traités de morale à l'usage de l'enfance; la simplicité des formes et la grâce naïve du style doivent s'y mêler à la justesse des idées; l'art de raisonner n'y doit jamais être séparé de celui d'intéresser l'imagination : un tel ouvrage doit être ainsi conçu par un logicien profond, et exécuté par un homme sensible; on voudrait y trouver en quelque sorte l'esprit analytique de Condillac et l'âme de Fénelon.

» Le premier et le meilleur de tous les ouvrages de cette classe a pour titre : *Principes de la morale, par la Chabaussière.*

» Cet écrit, plein de solidité, de goût et d'esprit, brille encore par les images, le coloris poétique et l'harmonie; les quatrains de Pibrac, admirés non sans raison par nos pères, sont effacés. Le jury propose de mettre cette intéressante production entre les mains des élèves des écoles primaires.

» 2° *Les instructions élémentaires sur la morale républicaine* avec cette épigraphe : *Quid leges moribus vanæ proficiunt ?* sont écrites avec sagesse et méthode; c'est un des essais qui se rapprochent le plus du but du concours ; on y trouve de la clarté dans les idées et dans le style ; l'auteur paraît nourri de ce qu'il y a de meilleur dans la philosophie moderne (1).

» 3° Le *Catéchisme de morale républicaine*, par Lanneau, renferme quelques définitions inexactes ; il porte cependant l'empreinte d'une raison ferme et sûre; on y distingue surtout les chapitres concernant l'amour de la patrie et les propriétés.

---

(1) Cet ouvrage ainsi que ceux qui suivent ne paraissent pas avoir été imprimés ; malgré nos recherches, nous n'en avons trouvé aucune trace.

» L'empressement avec lequel on a recherché dans leur nouveauté, les *Épîtres et Évangiles du Républicain* par Henriquez, ne permet pas de le passer sous silence ; cet estimable auteur nous a donné une foule d'opuscules utiles à l'instruction publique.

» On remarque encore dans quelques autres ouvrages, adressés au jury, mais à un degré inférieur, des morceaux qui ne sont pas sans mérite ; de ce nombre sont les *Principes de morale*, par le citoyen Membrac, professeur de philosophie, l'*Homme moral*, par le citoyen Birroi, le *Vieillard de Vichy*.

Les amis des lettres et des arts attendent avec impatience les *Éléments de Morale* dont la composition a été confiée par décret de la Convention au sensible auteur de *Paul et Virginie* (1). »

La distinction accordée par Lakanal et par la Convention à l'œuvre de la Chabaussière a lieu de nous surprendre aujourd'hui mais semble à l'époque avoir été justifiée par le succès du livre.

Le catéchisme républicain, philosophique et moral par le comte de la Chabaussière fut publié en 1795,

---

(1) L'œuvre de Bernardin de Saint-Pierre ne comprend pas ses *Éléments de morale*. Il est probable que le *sensible auteur de Paul et Virginie* n'a pas donné suite à ce projet.

il obtint un tel succès que la Convention le mit par un décret du 4 septembre 1795 au nombre des livres destinés à l'éducation de la jeunesse et accorda à l'auteur une gratification de 2000 francs. La seconde édition parut en 1796 sous ce titre : *Catéchisme français ou Principes de la morale républicaine à l'usage des écoles primaires*, il fut réimprimé en l'an V, à l'imprimerie républicaine, place de la Liberté, à Bruxelles; de nouvelles éditions parurent en 1798 et 1800, il fut traduit en allemand et en hollandais, réimprimé à nouveau à Paris en 1825 et 1848; il vient de l'être encore.

La réputation de cet ouvrage, écrit en vers et qui se compose de 55 quatrains dans le genre de ceux de Pibrac, nous paraît un peu usurpée. Il est rédigé en vers français d'un style médiocre et parfois obscur. La pensée est honnête, assez modérée, et toujours banale.

On en jugera par ces quelques extraits :

Qui êtes-vous?

Homme libre et Français, républicain par choix :
Né pour aimer mon frère et servir ma patrie,
Vivre de mon travail ou de mon industrie,
Abhorrer l'esclavage et me soumettre aux lois.

Qu'est-ce que l'âme?

Je n'en sais rien. Je sais que je sens, que je pense,
Que je veux, que j'agis, que je me ressouviens,
Qu'il est un être en moi qui hors de moi s'élance;
Mais j'ignore où je vais et ne sais d'où je viens.

Qu'est-ce que la vertu?

Remplir tous ses devoirs, craindre, fuir tous les vices
N'est point encore assez pour le bon citoyen ;
En faisant ce qu'on doit, on est homme de bien,
Mais on n'est vertueux que par des sacrifices.

Que prescrit la justice?

Ne fais à nul mortel ce que tu crains pour toi,
En tout, partout, toujours, agis de bonne foi,
Sois bienfaisant par goût, sans vouloir le paraître,
Ne crois pas aux ingrats et garde-toi de l'être.

Que doit être l'homme?

Bon citoyen, bon fils, bon époux et bon père :
Titres saints ! Trop heureux qui peut tous vous porter !
Que de soins, de devoirs, font votre ministère !
C'est en les remplissant qu'il faut vous mériter.

Quels sont les devoirs du citoyen?

A son pays on doit ses facultés entières,
Secours aux malheureux, obéissance aux lois,
A ses frères des soins, au monde ses lumières ;
Qui trahit ses devoirs, perd à l'instant ses droits.

Quels sont les droits du citoyen?

De librement penser, croire, agir, s'exprimer ;
De posséder les fruits que son travail lui donne,
D'être sûr dans ses biens et sûr dans sa personne,
Et d'opposer sa force à qui veut l'opprimer.

Quel est le résumé de nos devoirs?

Sers, défends ton pays ; sois bon pour ton semblable,
Respecte le malheur ; honore les vieillards ;
Admire les talents, et rends hommage aux arts ;
Sans l'outrager surtout, plains un frère coupable.

Quels sont les devoirs des enfants envers leurs père et mère?

Docilité, respect, soins et reconnaissance :
Mes enfants pour moi-même en auront à leur tour.
Puis-je autrement payer que par un saint amour
Tous les maux qu'à ma mère a coûté ma naissance ?

Quels sont les devoirs des pères et mères et des instituteurs?

Tracer aux jeunes cœurs les routes du devoir,
Au civisme, aux vertus y préparer des temples ;
Par la douce amitié tempérer le pouvoir,
Et joindre à ses leçons l'ascendant des exemples.

Quels sont les devoirs réciproques des époux?

Estime mutuelle, égards et complaisance,
Communauté de soins, de travail, de plaisirs,
Égalité de droits, rapports de confiance :
C'est pour se rendre heureux qu'ils ont su se choisir.

La propriété est-elle un droit sacré?

Ne désirons jamais ce que possède un autre ;
Respectons, défendons et sa vie et ses biens.
La sûreté d'autrui nous garantit la nôtre :
Blesser les droits d'un seul, c'est annuler les siens.

On voit à quel point le catéchisme de la Chabaussière manque d'originalité et aussi de clarté. Ces principes de morale versifiés et formulés d'une façon absolue ont en outre l'inconvénient de trop rappeler les *Maximes du mariage*, qu'Arnolphe impose à l'innocente Agnès comme *unique entretien.* Ils rappellent aussi les poésies de l'abbé Gauthier, et ces cantiques que le colonel Amoros avait composés pour accompagner les exercices gymnastiques.

Cependant il faut croire que ce petit livre répondait exactement au goût et aux idées de l'époque. L'auteur les avait consciencieusement composés en prison. Dans son rapport, Lakanal s'exprime ainsi sur le Catéchisme de la Chabaussière : « Cet écrit plein de solidité, de goût et d'esprit, brille encore par les images, le coloris poétique et l'harmonie : les quatrains de Pibrac, admirés non sans raison par nos pères, sont effacés. Le jury propose de mettre cette intéressante production entre les mains des élèves des écoles primaires. » Le rapporteur de la commission des Anciens, relative aux ouvrages de morale, surenchérit encore : « Qu'il est grand au milieu de ses fers, aux portes du tombeau que lui ouvraient sans cesse nos derniers tyrans, cet auteur qui consacrait ce qu'il pouvait appeler alors ses dernières pensées au bonheur de ses semblables ! — Chacun de ses quatrains est presque un traité sublime par sa simplicité, qui le met à la portée de tous ; c'est un livre surtout qui, plein de goût et de solidité, brillant par les images, frappera davantage nos jeunes citoyens, et à l'aide de l'harmonie se gravera plus facilement dans leur mémoire. »

Nous arrivons à l'an VI : le calme s'est plus complètement encore rétabli dans les esprits et les œuvres d'éducation doivent nécessairement s'en ressentir. Sous le Directoire, il s'était établi à Paris une sorte de secte religieuse qui comptait parmi ses membres un certain nombre d'hommes de mérite. La doctrine des *théophilanthropes* se bornait au pur déisme. C'est à cette secte qu'est dû un des catéchismes les plus remarquables de la Révolution : *Instruction élémentaire sur la morale religieuse par demandes et par réponses, rédigée par J.-B. Chemin et approuvée par le jury d'instruction publique. A Paris, an VII.* — « Le jury d'instruction publique pour les écoles primaires pense que cet ouvrage est parfaitement conforme aux principes républicains et qu'il peut être adopté pour l'instruction des écoles primaires. — 29 prairial an VI. »

Dans l'introduction, l'auteur nous avertit que cette instruction contient les principes qui doivent nous guider dans tous les âges et dans toutes les conditions de la vie. « Elle peut être mise entre les mains des enfants de neuf à douze ans. »

C'est, dit l'auteur, un catéchisme religieux, mais dont l'esprit est purement philosophique. On en jugera par l'extrait qui suit :

La morale donne une règle sûre pour distinguer

ce qui est bien et ce qui est mal : le bien est tout ce qui tend à conserver l'homme ou à le perfectionner. Le mal est tout ce qui tend à le détruire ou à le détériorer.

D. C'est donc mal de faire quelque chose qui nous est nuisible ?

R. Oui.

D. Mais si cette action n'était nuisible qu'à nous seuls et était utile aux autres serait-elle répréhensible ?

R. Non. Elle serait au contraire un dévouement héroïque. Car si c'est toujours un crime de faire notre bien au préjudice des autres, c'est le plus haut degré de la vertu de faire le bien des autres à notre préjudice.

D. La maxime que vous venez de citer sur la nature du bien et du mal s'applique-t-elle à tous nos devoirs ?

R. Oui, et l'on peut dire que cette maxime comprend à elle seule toute la morale. Tous nos devoirs consistent à faire ce qui est utile et à éviter ce qui est nuisible.

La religion, selon Chemin, consiste uniquement dans la croyance à l'existence de Dieu et à l'immortalité de l'âme ainsi qu'à l'accomplissement exact de tous ses devoirs.

Les devoirs envers nous-mêmes ou les vertus

individuelles sont la *science*, qui comprend la *prudence* et la *sagesse ;* la *tempérance*, qui comprend la *sobriété* et la *chasteté ;* le *courage* ou la force du corps et de l'âme ; l'*activité*, c'est-à-dire l'amour du travail et de l'emploi du temps.

Enfin la propreté ou la pureté du corps tant dans les vêtements que dans l'habitation.

Les *vices* sont l'*ignorance*.

Le dérèglement des passions, qui comprend la gourmandise, l'ivrognerie et le libertinage.

La lâcheté,

L'oisiveté,

La malpropreté.

Les devoirs envers nos semblables comprennent les devoirs envers notre famille ou *vertus domestiques ;* ce sont :

L'économie, l'amour paternel, l'amour conjugal, l'amour filial, l'amour fraternel et l'accomplissement des devoirs de chef et de subordonné.

Les devoirs envers la société ou vertus sociales sont : la justice, la bienveillance, la probité, la douceur, la modestie, la sincérité, la simplicité des mœurs, l'amour de la patrie.

D. En quoi consiste l'amour de la patrie ?

R. Dans ce sentiment qui nous porte à veiller à sa conservation et à travailler à son bonheur.

D. Par quels moyens devons-nous veiller à la

conservation et travailler au bonheur de notre patrie ?

R. En remplissant tous nos devoirs, chacun dans notre situation, en la défendant si elle est attaquée, en obéissant aux magistrats et en donnant l'exemple de toutes les vertus qui font le bonheur des individus, des familles et des sociétés.

D. L'amour de notre patrie doit-il nous empêcher d'aimer les autres nations ?

R. Non. Notre amour doit au contraire embrasser le genre humain tout entier. Mais la reconnaissance nous porte à avoir des sentiments plus affectueux pour le pays qui nous a vus naître et nous a élevés.

D. Pourquoi devons-nous des sentiments plus affectueux à notre patrie ?

R. Parce que c'est aux lois et aux habitants de ce pays que nous devons le plus immédiatement notre sûreté et tous les avantages dont nous jouissons dans l'état social.

Chemin conclut avec une véritable élévation par cette dernière réponse :

D. Le bonheur n'est donc que dans la vertu ?

R. Oui, et ceux qui le cherchent ailleurs sont des fous qui s'égarent ou des ignorants qui ne connaissent pas leur intérêt. Ce n'est pas dans la fortune, ni dans les dignités qu'est le contentement, c'est dans le témoignage d'une bonne conscience. Le vice détruit l'homme, le détériore et l'avilit. La vertu le conserve, le perfectionne et fait de lui le plus bel ouvrage qui soit sorti des mains de la Divinité.

On voit que c'est là un rare et singulier catéchisme religieux, dans lequel il n'est question ni des sacrements, ni des péchés, ni des peines éternelles ; en revanche la tolérance y est hautement recommandée.

D. Devons-nous penser que Dieu nous récompensera ou nous punira d'après le culte que nous aurons suivi ?

R. Non ; Dieu, qui est la justice et la bonté mêmes, ne nous jugera pas d'après nos opinions, ni d'après les formes de nos différents cultes, mais d'après le fond de nos cœurs et de nos actions.

D. Pourquoi faut-il être si indulgent à l'égard des opinions des autres ?

R. C'est parce que nous ne sommes pas toujours les maîtres de nous former nos opinions, et qu'elles dépendent plus souvent de notre éducation et des circonstances dans lesquelles nous nous trouvons, que de nous-mêmes.

D. D'après ces principes, quelle conduite devons-nous tenir à l'égard de ceux qui ne pensent pas comme nous ?

R. Gardons-nous bien de les haïr, encore moins

de les persécuter. Adorons Dieu dans la sincérité de nos cœurs, et vivons en paix avec tous nos frères, quelle que soit la manière dont ils l'adorent.

D. Que faut-il faire à l'égard de ceux qui ont une opinion contraire ?

R. Leur ouvrir les yeux, s'il nous est possible, sans employer jamais d'autres moyens que ceux d'une douce persuasion ; et éviter les querelles, qui n'ont que trop souvent produit des divisions funestes.

L'instruction élémentaire de morale religieuse de Chemin fait partie du code religieux et moral des théophilanthropes ou adorateurs de Dieu et amis des hommes, comprenant : 1° le Manuel ou exposition de leur dogme, de leur morale et de leurs pratiques ; 2° le Rituel, ou recueil des hymnes avec l'ordre des exercices ; 3° l'instruction élémentaire de morale, par demandes et réponses ; 4° l'Année religieuse ou recueil d'extraits puisés dans les moralistes anciens et modernes sur la religion et la morale universelle, *le tout rédigé, publié et mis en ordre par J.-B. Chemin, à Paris, chez l'éditeur, rue de la Harpe, 307, près de celle du Foin, an VI.*

« On ne nous accusera pas, dit Chemin dans son introduction, d'être d'ambitieux sectaires, ni de chercher à établir en notre faveur un nouveau sacerdoce. L'exercice du culte théophilanthropique n'a pas besoin de ministres, mais seulement de lecteurs ou d'orateurs, fonctions momentanées qui sont remplies par des chefs de famille. Nous ne proposons aux peuples, ni une religion nouvelle, ni un culte nouveau ; notre religion est la religion universelle ; notre culte remonte aux premiers âges du monde ; et l'on verra par l'exposition de notre doctrine, que nous sommes amis de tous les cultes de la terre : nous respectons leurs dogmes, nous pratiquons leur morale. Le nom même que nous avons donné à notre association religieuse, ne convient pas à elle seule, mais à toutes celles qui ont pour but de porter les hommes à l'adoration de la Divinité et à l'amour de leurs semblables. Ainsi la théophilanthropie, loin de faire une secte nouvelle, tend à réunir celles qui existent dans un seul sentiment, celui de la piété, de la charité, de la concorde et de la tolérance. Le prétexte de la religion n'a fait verser que trop de sang. Ce code apprendra aux hommes qu'il leur est facile de s'accorder et qu'il s'accordent réellement sur les principes essentiels de la religion et de la morale et que quelques différences dans les opinions et dans les usages ne doivent pas rompre les liens de fraternité que l'Auteur de la nature a établis entre tous ses enfants. »

Nous avons mis à part, pour la citer en dernier lieu, une œuvre d'éducation civique qui nous paraît supérieure à toutes les autres, le vrai chef-d'œuvre de cette littérature. Ce catéchisme ne porte ni date ni nom d'auteur. Il est probable qu'il est de l'an VI. En tous cas, il n'a pas été soumis à l'examen du comité de la Convention. Lakanal n'eût pas manqué de le distinguer, car ici le mérite est frappant. Voici le titre de cet ouvrage : *Catéchisme moral républicain suivi de celui de la déclaration des droits et de la constitution française à l'usage des jeunes gens des quatre-vingt-six départements, avec le portrait du jeune Barra, à Paris, chez Lepetit, à Reims, chez Doyen et Soyé, libraires.*

Après avoir défini la morale « la science des rapports qui existent entre les hommes et des devoirs qui découlent de ces rapports, » l'auteur anonyme pose les questions suivantes :

D. Quels sont les devoirs de l'homme dans l'état de nature ?

R. De vivre d'une manière conforme à sa nature, de chercher le plaisir, de fuir la douleur, de se conserver et de rendre son existence heureuse.

D. Quels sont les devoirs de l'homme dans l'état de société ?

R. De vivre d'une manière conforme aux lois de

la société dont il est membre et de chercher à se rendre heureux, en travaillant au bonheur de ses associés.

Suit un petit cours de philosophie visiblement inspiré par les doctrines de Condillac sur les facultés et les sens de l'homme; quelques définitions méritent d'être citées.

D. Définissez la pensée.

R. La pensée est le sentiment continué et renouvelé des impressions et des idées qui se sont tracées en nous.

D. Qu'est-ce que l'intelligence ?

R. L'intelligence est la faculté d'être promptement remué par les objets qui frappent nos sens.

D. Et la raison ?

R. L'action de tirer des conséquences justes. En morale la raison est la connaissance de la vérité appliquée à la conduite de la vie; la faculté de distinguer le bien du mal, l'utile du nuisible, les intérêts réels des intérêts apparents, de se conduire en conséquence.....

D. Qui nous apprend à nous servir de nos facultés intellectuelles ?

R. Nos besoins et l'éducation.

D. Qu'entendez-vous par nos besoins ?

R. Tout ce qui est utile ou nécessaire, soit à la conservation soit à la félicité de l'homme.

D. Comment divise-t-on nos besoins ?

R. En besoins naturels et en besoins d'opinion.

D. Quels sont les besoins naturels ?

R. De se nourrir, de se vêtir, de se garantir contre les injures de l'air.

D. Quels sont les besoins d'opinion ?

R. Ce sont ceux qu'une imagination déréglée nous peint très faussement, comme indispensables à notre félicité.

On voit ici l'influence de la doctrine des stoïciens si peu conforme au développement de nos sociétés, qui vivent de commerce et d'industrie.

D. Qui doit régler les besoins de l'homme ?

R. Son intérêt personnel, ou l'amour de soi.

D. Qu'est-ce que l'amour de soi ?

R. C'est un désir permanent de se conserver, et de se procurer une existence heureuse.

D. Que nous prescrit l'intérêt personnel au sujet de nos besoins ?

R. De les contenter d'une façon qui ne nous soit point nuisible; de les circonscrire afin de n'être point malheureux, faute de pouvoir les satisfaire ; de prendre garde de les multiplier, parce qu'ils nous entraîneraient dans le vice ou dans le crime.

D. Que doit-on penser d'un homme qui rapporterait tout à lui-même ?

R. Il faudrait le regarder comme un être insociable, un insensé qui ne voit pas que tout homme vivant avec d'autres hommes est dans l'impossibilité complète de travailler à son bonheur, sans l'assistance de ses semblables.....

D. Le plaisir est-il toujours un bien ?

R. Le plaisir n'est un bien qu'autant qu'il est conforme à l'ordre.

On peut rapprocher de cette définition la formule célèbre de Kant : « Agir extérieurement de telle sorte que la liberté de chacun puisse s'accorder avec la liberté de tous, suivant une loi générale de liberté. » (Kant, V, Barni, *Doctrine du Droit*, p. 44).

D. Que produit une mauvaise conscience ?

R. La honte et le remords.

D. Qu'est-ce que la honte ?

R. C'est un sentiment douloureux excité en nous par l'idée du mépris que nous avons encouru.

D. Et le remords ?

R. C'est la crainte que produit en nous l'idée que nos actions soient capables de nous attirer la haine ou le ressentiment des autres.

D. Les passions sont-elles un bien ?

R. Ce sont des vices ou des vertus, selon l'usage qu'on en fait.

D. Prouvez-le par un exemple ?

R. L'amour de nous-mêmes que l'on nomme orgueil ou amour-propre, est un vice lorsqu'il déprime les autres, mais c'est un sentiment très louable quand il nous fait craindre de nous avilir par des actions basses et dignes de mépris.

D. Qu'est-ce que l'habitude ?

R. L'habitude est en général une disposition de nos organes causée par la fréquence des mêmes mouvements, d'où il résulte la facilité de les produire et la nécessité de les bien régler...

D. Qu'est-ce que la vertu ?

R. La vertu est une volonté habituelle et permanente de contribuer à la félicité des êtres avec qui nous vivons en réglant nos passions, nos habitudes, nos volontés, nos intérêts, de manière qu'elles puissent tourner à leur avantage; car l'utilité est la mesure commune de toutes les vertus. En un mot, la vertu est la conformité de sa volonté particulière dans l'état de nature, à ce qui est utile à notre conservation et à notre bien-être; et dans l'état de société, à ce que prescrit la volonté générale. De ce sacrifice dépend le bonheur de chacun des membres, le bien particulier résultant du bien général. De là les vertus publiques et les vertus privées.

D. Quelles sont les vertus publiques ?

R. Tout ce qui a trait à l'utilité générale, comme l'amour de l'humanité, de la patrie et de la justice.

D. Qu'est-ce que l'humanité ?

R. L'humanité est l'affection que nous devons aux êtres de notre espèce, comme membres de la société universelle, à qui la justice veut que nous donnions les secours que nous exigeons pour nous-mêmes.

D. En quoi consiste l'amour de la patrie ?

R. A sacrifier constamment son intérêt particulier à l'intérêt général ; à borner toute son ambition au seul désir, au seul bonheur de rendre à sa patrie de plus grands services que les autres citoyens ; de s'identifier, en quelque sorte, avec elle ; de ne voir qu'elle et de ne vivre que pour elle.

La source des plus grandes vertus est l'amour de la patrie ; car moins nous pouvons satisfaire nos passions particulières, plus nous nous livrons au bien public.

D. Qui peut inspirer ce sentiment pour la patrie ?

R. Une constitution fondée sur la liberté et l'égalité ; une bonne éducation qui donne aux âmes la forme nationale, et dirige tellement leurs opinions et leurs goûts qu'elles soient patriotes par inclination, par passion, par nécessité ; mais, on ne saurait trop le répéter, l'amour de la patrie ne peut subsister sans la liberté, ni la liberté sans la vertu, ni la vertu sans le patriotisme.

D. Définissez la justice.

R. La justice est une volonté habituelle et permanente de maintenir les hommes dans la jouissance de leurs droits, et de faire pour eux tout ce que nous voudrions qu'ils fissent pour nous-mêmes. L'amour de la patrie est la vertu par excellence, elle sert de base à toutes les autres.

Suit une définition des vertus privées : la tempérance, la modestie, la patience ; et des crimes : le meurtre, l'homicide, le suicide, le vol, la trahison, la calomnie.

La définition du vol est plus large et plus sévère que celle du Code civil.

« Le vol est toute action qui prive un homme de sa propriété. Ainsi les profits illicites, les émoluments injustes, le refus de payer ses dettes, celles contractées lorsqu'on sait ne pouvoir y faire honneur, les concussions, les extorsions sont des vols aussi criminels que ceux qui se font sur les grands chemins. »

D. En quoi consiste la trahison ?

R. A faire le mal à ceux à qui nous devons faire

du bien, ou que nous avons trompés par des marques de bienveillance. Trahir sa patrie, c'est livrer à ses ennemis la société que nous sommes obligés de défendre, et cette trahison est le plus grand de tous les crimes. Trahir son ami, c'est nuire à l'homme que nous avons mis en droit de compter sur notre affection.

La fin du catéchisme est consacrée à la Constitution, aux droits garantis par elle. L'auteur y commente les droits de l'homme et du citoyen, indique les conditions d'exercice de ces droits et constitue un petit traité de droit administratif et une sorte de manuel électoral. Voici la dernière page de ce remarquable opuscule.

D. Qui garantit à tous les Français leurs droits et récapitule ces droits ?

R. La constitution garantit à tous les Français l'égalité, la liberté, la sûreté, la propriété, la dette publique, le libre exercice des cultes, une instruction commune, des secours publics, la liberté indéfinie de la presse, le droit de pétition, le droit de se réunir en sociétés populaires, la jouissance de tous les droits de l'homme.

D. Sous la sauvegarde de qui la République française a-t-elle remis le dépôt de sa constitution ?

R. Sous la sauvegarde de toutes les vertus. La

République française honore la loyauté, le courage, la vieillesse, la piété filiale, le malheur.

D. Où sont gravés la déclaration des droits et l'acte constitutionnel ?

R. Sur des tables au sein du Corps législatif, et sur les places publiques.

D. Que doit produire la stricte observation de la constitution ?

R. Toutes les vertus qui font prospérer un État, l'obéissance aux lois, l'austérité dans les mœurs, la tempérance dans le bien, la patience dans les maux, la joie dans les dangers, l'amour de la vraie gloire, le renoncement enfin de soi-même et de ses intérêts en faveur de l'utilité générale.

Nous avons reproduit le *Catéchisme moral républicain* dans ses parties essentielles, on en voit l'esprit. Toute idée métaphysique est écartée, nulle part il n'y est question ni de Dieu, ni de l'âme, ni de religion d'aucune sorte, il est purement positif, pratique et civique.

C'est l'esprit de Condillac qui remplace enfin l'inspiration de Rousseau. Remarquons en outre que ce catéchisme est tout à fait libéral et qu'il ne s'y rencontre aucune violence contre les prêtres, aucune déclamation, aucune appréciation exagérée des faits de l'histoire de France ou de la Révolution.

Ce manuel, qui représente le mieux la doctrine de la Révolution dans son esprit, dans sa fermeté, dans ses aspirations élevées, dans son amour ardent du peuple, et même dans ses illusions généreuses relativement au bonheur universel, ne porte aucune indication qui permette de penser qu'il a été adopté par les autorités, malgré sa supériorité incontestable sur les autres œuvres de cette nature.

Sous le Directoire, le ministre François de Neufchâteau créa un conseil d'instruction publique, composé de huit membres de l'Institut, qui fut chargé notamment de l'examen des livres élémentaires. Il fit en outre afficher dans les écoles primaires des préceptes tirés du *Catéchisme universel* de Saint-Lambert. Mais au *Conseil des Cinq-Cents*, Andrieux, avec une ferveur républicaine qui ne devait pas durer, lui reprocha d'avoir puisé dans un livre qui n'était pas, selon lui, « approprié au génie d'une république ».

François de Neufchâteau était cependant animé du zèle le plus louable. Il avait décidé la publication d'une série de volumes sous le titre de *Manuel républicain*. C'eût été là une sorte d'encyclopédie de l'enseignement primaire. On devait y trouver, avec « le texte pur de notre loi fondamentale, les instructions nécessaires sur les poids et mesures, sur les monnaies ». Il voulait en outre, « pour graver la morale dans le cœur des enfants et dans l'esprit même des hommes, avoir recours au chant et à la poésie...., faire apprendre à tous les enfants un peu de musique et les initier aux rythmes des hymnes patriotiques et des chants nationaux ». Des recueils devaient être composés dans ce but; il voulait en outre publier un recueil d'extraits des meilleurs discours prononcés dans les fêtes publiques : « Du triage de toutes ces pièces, on composera un volume exquis qui pourra être le manuel des fêtes nationales dans tous les cantons de la République, il pourra également servir pour orner la mémoire des élèves de strophes et de vers qui forment en même temps leur esprit et leur cœur. »

Le coup d'état du 18 Brumaire vînt couper court aux bonnes volontés du Directoire, et en fait d'éducation morale et civique, Napoléon imagina le catéchisme impérial.

—

Si nous jetons maintenant un coup d'œil général sur les œuvres d'enseignement moral et civique écloses sous la Révolution, et destinées aux enfants des premières écoles, nous constatons que les unes fondent la morale sur l'idée de Dieu, et les autres sur la dignité de la nature humaine, son respect et son développement, et que l'enseignement civique prend pour base uniforme l'amour de la patrie et de l'humanité sans tomber dans les doctrines si dangereuses du cosmopolitisme, destructeur de toute idée de patrie.

Les exemples et les préceptes de morale tirés des philosophes anciens, ne nous ont pas toujours paru bien appropriés à l'esprit de jeunes enfants, de même que la théorie pompeuse de la déclaration des droits de l'homme et l'étude de la constitution nous semblent convenir mieux à des citoyens qu'à des écoliers.

Beaucoup de rédacteurs de manuels se sont trop préoccupés de politique contemporaine. Entraînés par la passion, ils ont perdu le sang-froid et la mesure qui conviennent à ceux qui parlent dans l'école.

Mais ce qui frappe dans ces petits livres, c'est le souffle qui les anime : la confiance de leurs auteurs dans l'avenir et dans les effets heureux que l'on doit attendre des doctrines nouvelles qu'ils apportent à l'humanité. Les hommes de la Révolution furent sincères ; ils étaient réellement épris du culte de la vérité; ils s'efforçaient d'extirper de leur esprit tous préjugés et de n'être dupes d'aucune illusion ; ils ont cru à la toute-puissance de l'éducation. Ils ont pensé sincèrement qu'elle devait transformer le monde. Peut-être n'ont-ils pas assez tenu compte de deux éléments : le temps et l'hérédité. Peu importe après tout. L'élan qu'ils ont su donner a été profitable. Cette sincérité absolue, cet amour réel du peuple, cette morale du désintéressement, du sacrifice et de l'héroïsme exprimée avec simplicité, avec force et avec éloquence, restent les traits distinctifs de cette glorieuse époque. Le but avait été peut-être placé trop haut, mais la nature humaine devait faire un effort profitable pour tâcher de l'atteindre. Cet effort a été accompli et nous en avons recueilli le bénéfice. A ce titre les hommes de la Révolution ont un droit tout particulier à notre reconnaissance.

LE CATÉCHISME IMPÉRIAL

DE NAPOLÉON Ier.

LES IDÉES NAPOLÉONIENNES

SUR LA MORALE.

LE

MANDEMENT DU CARDINAL DE BELLOY.

LE CATÉCHISME IMPÉRIAL.

UNE LETTRE DE PORTALIS.

L'OPINION DE M. TAINE.

IV

Le Catéchisme impérial de Napoléon Ier. — Les Idées Napoléoniennes sur la Morale. — Le Mandement du cardinal de Belloy. — Le Catéchisme impérial. — Une Lettre de Portalis. — L'Opinion de M. Taine.

Nous avons cru qu'il était utile de mettre en regard des doctrines de la Révolution concernant l'éducation morale et civique, la doctrine du premier Empire.

L'enseignement moral et civique qui avait été créé par la Convention nationale, disparut sous l'Empire.

Napoléon Ier n'était pas homme à méconnaître l'influence de l'éducation sur la formation des esprits, mais il avait de bonnes raisons pour se défier des idées de la Révolution, et ne se souciait guère de préparer une génération de citoyens ayant un sentiment exagéré de la liberté.

D'ailleurs, Napoléon ne croyait pas à l'école : « Votre université du peuple, disait-il, c'est une chimère, une utopie, du pur abbé de Saint-Pierre. »

La religion, au contraire, lui semblait parfaitement propre à donner à la masse de la nation les idées de soumission, de discipline, de hiérarchie qui convenaient à ses desseins. Sous l'Empire, le clergé fut donc seul chargé de l'éducation du peuple. Mais le gouvernement civil conservait son contrôle et imprimait sa direction (1).

C'est ainsi que l'enseignement civique et moral, qui semble avoir disparu à cette époque, ne fut peut-être que transformé, et transformé de la façon la plus singulière. Nous avons cru qu'il était inté-

---

(1) La pensée de l'Empereur apparaît clairement dans les mémoires qu'il dicta à Sainte-Hélène. « Napoléon n'a point voulu altérer la croyance de ses peuples; il respectait les choses spirituelles et les voulait dominer sans y toucher, sans s'en mêler. Il voulait les faire cadrer à ses vues, à sa politique, mais par l'influence des choses temporelles (*Mémoires de Napoléon, t, IV, p.* 236). En réalité il fait de la religion un moyen de gouvernement, *instrumentum regni.*

ressant, au moment où des critiques si vives et si peu justifiées se font entendre contre les auteurs des manuels civiques, qui parlent à la jeunesse des devoirs des citoyens envers la patrie et la République, de montrer ce qui était enseigné sur ces matières aux enfants du peuple sous le premier Empire, par ordre de l'empereur et par les soins du clergé. Nous voulons rappeler, en un mot, ce qu'était le fameux catéchisme impérial.

On trouvera cet ouvrage à la Bibliothèque nationale sous le titre de *Catéchisme à l'usage de toutes les églises de l'empire français*, il a été publié à Paris chez la veuve Nyon, rue du Jardinet, nº 1, en 1806. En tête du volume, l'éditeur a reproduit le décret du 4 avril 1806 rendu par Napoléon sur la proposition du ministre des cultes Portalis, qui indique dans son article 1er que ce catéchisme sera le *seul* dans toutes les églises catholiques de l'Empire. L'article 2 porte qu'il est adopté pour une période de dix années.

L'archevêque de Paris, le cardinal de Belloy, ne manqua pas de donner son approbation audit catéchisme. C'est ce qui résulte de son mandement en date du 12 août 1806, que l'on trouve également dans ce volume.

Nous y lisons :

« Les devoirs des sujets envers les princes qui les gouvernent, y sont expliqués avec plus d'étendue qu'ils n'ont été jusqu'à ce jour; parce que les circonstances des temps où nous vivons ne ressemblent point à celles des temps qui ont précédé ; et que les chrétiens n'ont jamais craint, quand les circonstances ont paru l'exiger, de déclarer leurs sentiments envers les puissances établies par Dieu pour régir le monde... Enfin, N. T. C. F., le prince qui règne sur la France est loué *d'avoir rétabli, dans des circonstances difficiles, le culte public de la religion de nos pères*, parce qu'un tel usage de sa puissance mérite d'éternelles louanges, et parce qu'il est juste de consigner, dans les fastes de la religion, à côté du nom de *Constantin*, le nom du héros qui, à l'exemple de cet illustre empereur, s'est fait le protecteur de la religion véritable. »

Nous n'avons aucun commentaire à ajouter à ce bel éloge du coup d'État du 18 brumaire. D'ailleurs, il s'agit ici d'éducation et non de politique. Voyons donc quels sont ces devoirs des sujets envers les princes et comment ils découlent des commandements de Dieu.

Le catéchisme impérial est divisé en leçons.

La leçon VI s'occupe du 4e commandement et commence par poser en principe que les devoirs des enfants envers leurs père et mère comprennent aussi « les devoirs des inférieurs envers leurs supérieurs ».

Ces supérieurs sont « ceux que Dieu a établis au-dessus de nous comme sont, dans l'Église, le pape, les évêques et tous les pasteurs, et, dans l'État, les monarques, les princes et tous les magistrats ».

Le chapitre suivant développe le même commandement. Ici nous tenons à reproduire le texte in extenso.

« D. Quels sont les devoirs des chrétiens à l'égard des princes qui les gouvernent et quels sont en particulier nos devoirs envers Napoléon premier, notre empereur ?

« R. Les chrétiens doivent aux princes qui les gouvernent et nous devons en particulier à Napoléon, notre empereur, l'amour, le respect, l'obéissance, la fidélité, le service militaire, les tributs ordonnés pour la conservation et la défense de l'Empire et de son trône ; nous lui devons encore des prières ferventes pour son salut et pour la prospérité spirituelle et temporelle de l'État.

« D. Pourquoi sommes-nous tenus de tous ces devoirs envers notre empereur ?

« R. C'est premièrement parce que Dieu, qui crée les empires et qui les distribue selon sa volonté, en comblant notre empereur de dons, soit dans la paix, soit dans la guerre, l'a établi notre souverain, l'a rendu le ministre de sa puissance et son image sur la terre. Honorer et servir notre empereur est donc honorer et servir Dieu même. Secondement, parce que Notre-Seigneur Jésus-Christ, tant par sa doctrine que par ses exemples, nous a enseigné lui-même ce que nous devons à notre souverain : il est né en obéissant à l'édit de César-Auguste; il a payé l'impôt prescrit; et de même qu'il a ordonné de rendre à Dieu ce qui appartient à Dieu, il a aussi ordonné de rendre à César ce qui appartient à César.

« D. N'y a-t-il pas des motifs particuliers qui doivent plus fortement nous attacher à Napoléon premier, notre empereur ?

« R. Oui, car il est celui que Dieu a suscité dans des circonstances difficiles pour rétablir le culte public de la religion sainte de nos pères et en être le protecteur. Il a ramené et conservé l'ordre public par sa sagesse profonde et active, et défend l'État par son bras puissant ; il est devenu l'oint du Seigneur par la consécration qu'il a reçue du souverain pontife, chef de l'Église universelle.

« D. Que doit-on penser de ceux qui manqueront à leur devoir envers l'empereur ?

« R. Selon l'apôtre saint Paul, ils résisteraient à

l'ordre établi par Dieu même et seraient dignes de la damnation éternelle.

« D. Les devoirs dont nous sommes tenus envers notre empereur nous lieront-ils egalement envers ses successeurs légitimes dans l'ordre établi par les constitutions de l'empire ?

« R. Oui, sans doute : car nous lisons dans la sainte Écriture que Dieu, Seigneur du ciel et de la terre, par une disposition de sa volonté suprême et par sa providence, donne les empires, non seulement à une personne en particulier, mais aussi à sa famille.

« D. Quels sont nos devoirs envers nos magistrats ?

« R. Nous devons les honorer, les respecter et leur obéir parce qu'ils sont les dépositaires de l'autorité de notre empereur. »

La dernière demande résume tout le chapitre :

« D. Que nous est-il défendu par le quatrième commandement ?

« R. Il nous est défendu d'être désobéissants envers nos supérieurs, de leur nuire et d'en dire du mal. »

Ce n'est pas seulement dans un intérêt de curiosité que nous avons reproduit cette leçon VI du catéchisme impérial, c'est aussi parce qu'elle contient un enseignement.

Lorsque MM. Paul Bert et Compayré nous expliquent les devoirs que nous avons envers le pays et nous démontrent la précellence du gouvernement républicain, ils s'adressent à notre raison. Pour inculquer aux enfants les principes de sa morale, le catéchisme impérial ne fait pas appel avec la même bonne foi à l'intelligence, au bon sens des enfants du peuple. Il leur impose une règle brutale, à laquelle ils sont tenus d'obéir aveuglément. Le nom de la patrie n'est même pas prononcé ! C'est à un homme que l'on doit tout. On lui doit à la fois et pêle-mêle « le respect, l'obéissance, la fidélité et les tributs ordonnés pour la conservation et la défense de l'Empire et de son trône ».

Quant à ceux qui résisteront — lisez l'opposition — on les menace de la damnation éternelle..., sans préjudice du temporel, c'est-à-dire de la prison et de l'exil.

Dans ses *Considérations sur la Révolution française*, Mme de Staël a parlé avec indignation du catéchisme impérial. Mais elle ne savait pas ce que le comte d'Haussonville nous a appris dans son ouvrage sur l'*Église romaine et le Premier Empire*, c'est la participation de Napoléon Ier à la rédaction de cet opuscule. Le chapitre relatif aux devoirs des sujets envers le souverain a été rédigé par l'empereur en collaboration du légat du pape le cardinal Caprara.

Voici, d'ailleurs, la lettre adressée par Portalis à l'Empereur à la date du 13 février 1806 :

« Sire, votre majesté avait pensé que la rédaction d'un catéchisme uniforme pour toute la France, ordonnée par la loi du 18 germinal an X devrait être encore différée. Cette intention de votre majesté me fut manifestée avant la constitution de l'empire français. Dans ce moment, ces institutions se trouvent établies, et tous les Français ont le bonheur de vivre sous les lois du plus grand des souverains. J'ai donc pensé que le temps était venu de remettre sous les yeux de votre majesté la partie du catéchisme relative aux devoirs de tout sujet envers son prince. Déjà on avait présenté, avant le nouvel ordre de choses, divers articles sur cet objet. Ces articles parlaient vaguement de la soumission que l'on doit aux puissances et aux chefs des États, d'après la doctrine évangélique; mais il me semble que les généralités ne suffisent plus. Il s'agit d'attacher la conscience des peuples à l'auguste personne de votre majesté, dont le gouvernement et les victoires garantissent la sûreté et le bonheur de la France. Recommander en général la soumission des sujets à leur souverain, ce ne serait pas, dans l'hypothèse présente, *diriger la soumission* vers son véritable but. Le précepte général peut suffire dans les temps ordinaires et quand on vit sous un ordre de choses qui existe depuis longtemps; mais aujourd'hui, le mot *souverain* n'est qu'une expression vague dont chacun pourrait arbitrairement faire l'application selon ses intentions et ses préjugés. J'ai donc cru qu'il était nécessaire de s'expliquer franchement et de rapporter le précepte d'une façon précise à votre majesté. Cela ôte toute équivoque en fixant les cœurs et les esprits sur celui qui peut seul et doit fixer les esprits et les cœurs. » Divers projets tour à tour revus et revisés par l'Empereur ont abouti à la rédaction définitive que nous avons reproduite.

En dernier lieu, nous transcrirons un passage de M. Taine qui apprécie admirablement le but et la portée du catéchisme impérial :

« Voyez le clergé, disait le premier Consul à Rœderer; tous les jours, malgré lui et plus qu'il ne l'avait prévu, il sera dévoué au gouvernement. Avez-vous lu le mandement de l'archevêque de Tours, Boisgelin? Il dit que le gouvernement actuel est le gouvernement légitime, que Dieu disperse, quand il lui plaît, les trônes et les rois, qu'il adopte les chefs que les peuples préfèrent. Vous n'aurez pas dit mieux. » Pourtant, on dira mieux, non seulement dans un tel mandement, mais encore dans le catéchisme. Aucune publication ecclésiastique n'est si importante, tout enfant catholique l'apprend par cœur, et les phrases qu'il répète se fixent à demeure dans sa mémoire. Certes, le catéchisme de Bossuet est déjà bon, mais on peut l'améliorer, il n'y a rien que le temps, la réflexion, l'émulation, le zèle administratif ne perfectionnent. Bossuet enseigne aux enfants qu'ils doivent « respecter tous supérieurs, pasteurs, rois, magistrats et autres ». « Mais ces généralités, dit Portalis, ne suffisent plus ; elles ne dirigent pas la soumission des sujets vers son véritable but... Il s'agit d'attacher la conscience des peuples à l'auguste personne de votre majesté. » Ainsi précisons, nommons, appuyons. Bien plus explicite que le catéchisme royal, le catéchisme impérial ajoute à l'ancien des développements significatifs et des motifs de surcroît : « Nous devons en particulier à Napoléon Ier, notre empereur, l'amour, l'obéissance, la fidélité, le service militaire, les tributs ordonnés pour la conservation et la défense de l'empire et de son trône... car il est celui que Dieu a suscité, dans des circonstances difficiles, pour rétablir le culte public et la religion sainte de nos pères et pour en être le protecteur. » Voici ce que dans chaque paroisse de l'empire, devant le vicaire et le curé, tous les petits garçons et toutes les petites filles viendront de leur voix clairette, réciter après vêpres comme un commandement de Dieu et de l'Église, comme un article de foi supplémentaire.

Cependant, du haut de la chaire, à l'office du matin et du soir la voix grave de l'officiant commente cet article déjà très clair : par ordre, il prêche pour la conscription : c'est un péché que de s'y dérober, d'être refractaire ; par ordre encore, il lit les bulletins de l'armée, le récit des dernières victoires ; toujours par ordre il lit le dernier mandement de son évêque, c'est une pièce autorisée, inspirée, corrigée par la police. Non seulement les évêques sont tenus de soumettre à la censure toutes les lettres pastorales et instructions publiques, non seulement, en matière de précaution, on leur a défendu de rien imprimer, sauf par les presses de la préfecture ; mais encore, pour plus de sûreté, la direction des cultes les informe incessamment de ce qu'ils doivent dire. Avant tout, ils doivent louer l'Empereur ; dans quels termes, avec quelles épithètes, sans indiscrétions ni maladresses, de façon à ne pas s'ingérer dans la politique, à ne pas avoir l'air d'un pantin manœuvré d'en haut, à ne point passer pour un simple porte-voix : cela n'est pas indiqué et cela est difficile. « Il faut, disait Réal, préfet de police à un nouvel évêque, il faut dans vos mandements, louer l'empereur davantage. — Donnez-moi la mesure. — Je ne la sais pas ». — Puisque la mesure reste indéterminée, il convient de la faire large sur les autres articles, point d'embarras. En chaque occasion, les bureaux de Paris ont soin d'envoyer aux évêques l'esquisse toute faite de leur prochain mandement, le canevas sur lequel ils broderont les fleurs ordinaires de l'amplification ecclésiastique ; selon les lieux et les temps le canevas diffère. En Vendée et dans l'Ouest, les prélats devront flétrir « les odieuses machinations de la perfide Albion », expliquer aux fidèles la persécution que les Anglais font subir aux catholiques d'Irlande. Si l'ennemi est la Russie, le mandement rappellera qu'elle est schismatique, et que les Russes méconnaissent la suprématie du Pape. — Puisque les évêques sont fonctionnaires de l'empire, leurs paroles et leurs actes appartiennent à l'empereur ; en conséquence, il en use contre tous ses ennemis, contre tout rival, rebelle ou adversaire, contre les Bourbons, contre les conscrits réfractaires, contre les Anglais et les Russes, enfin contre le Pape (1). »

---

(1) Taine, *Revue des Deux Mondes*, 1er mai 1891.

CONCLUSION

V

Conclusion

Lorsque la loi du 28 mars 1882 introduisit en France, parmi les matières obligatoires du programme des écoles primaires, l'éducation morale et civique, elle accomplit une réforme des plus importantes dont les conséquences ont été considérables.

On ne peut se le dissimuler : ce qui manque à notre époque c'est une direction morale. Depuis longtemps, la religion a perdu son empire sur les âmes. On peut le regretter : mais c'est là un fait indéniable, c'est une situation qui ne se modifiera pas. Bien plus, la marche de la société moderne contrarie les doctrines de l'Église et se fait malgré elle.

Et pourtant c'est à l'école, lorsque la plante humaine prend sa forme et son développement, qu'il faut veiller à son redressement et à sa direction.

Cet enseignement de la morale est tout aussi nécessaire dans les écoles de filles que dans les écoles de garçons. Nos filles ne doivent être ni électeurs, ni soldats, ni législateurs, ni magistrats, mais elles sont appelées à former les uns et les autres. M. Jules Simon a pu dire avec infiniment de raison et d'esprit : « Celui qui instruit une femme ouvre une école. » Les femmes sont nos éducatrices. Faut-il que la femme reste attachée au passé, à la tradition, tandis que l'homme regarde l'avenir et marche vers le progrès ? La lutte au foyer, la lutte à toute heure et surtout quand il s'agit des enfants, tel est le résultat des éducations divergentes pour les deux sexes.

Les adversaires de l'enseignement laïque s'écrient : « On a chassé Dieu de l'École. » En fait, cela est inexact. Le prêtre n'a plus ses entrées à l'école. Voilà tout. Les droits de la conscience individuelle sont non seulement respectés mais sauvegardés.

Il est vrai que, lors de la discussion de la loi de 1882, le Sénat a repoussé l'amendement de M. Jules

Simon, qui demandait que le mot de « Dieu » fut inscrit dans la loi. Le Sénat n'a pas cru que cette mention fût nécessaire et en effet le programme et les circulaires ministérielles ont donné satisfaction à M. Jules Simon. Assurément, l'instituteur devra ne toucher à ces sujets difficiles de Dieu et de l'âme qu'avec délicatesse, s'il veut éviter les explications obscures et contradictoires.

Rousseau pensait qu'il ne faut pas présenter a l'enfant des conceptions au-dessus de son intelligence; lui, qui n'était pas un athée ne veut pas qu'on parle de Dieu à son Émile avant qu'il soit en état de comprendre les idées abstraites et générales: « Tout enfant qui croit en Dieu, dit-il, est nécessairement idolâtre ou du moins anthropomorphiste. »

Quoi qu'il en soit, le principe de la neutralité de l'école en matière de religion, a définitivement triomphé.

C'était le point important : séparer l'Église de l'École, et c'est ce qu'a fait la loi de 1882 au grand profit de la liberté de conscience, des maîtres et des élèves, en rendant l'école primaire neutre au point de vue confessionnel. La morale indépendante fondée sur la conscience, la raison et le consentement unanime des peuples civilisés, a fait ses preuves : elle parle aux enfants beaucoup de leurs devoirs et aussi de leurs droits; elle leur dit ce qu'ils doivent à la famille, au pays, ce qu'ils se doivent à eux-mêmes, elle leur parle de fraternité, c'est-à-dire de dévouement et de sacrifice. Il est impossible que des leçons aussi pures, aussi élevées ne donnent pas d'heureux résultats, qu'elles n'exercent pas sur le caractère et la conduite des enfants une influence durable. Le moindre inconvénient de la morale religieuse est d'être livré au dogme. Lorsque l'enfant perdait la croyance au dogme, adieu la morale et ses préceptes et l'on pouvait dire avec une apparence de raison : « Quand la religion s'en va, tout s'en va », car l'enfant restait sans guide, égaré dans la vie et détestant le joug auquel on avait voulu le soumettre.

Il était donc nécessaire de restituer à la morale son autorité et cela n'était possible qu'en la fondant sur une base positive. Cette nécessité que la Révolution française a comprise dès la première heure, a été affirmée à nouveau par l'un des plus grands esprits de notre siècle, Herbert Spencer : « Aujourd'hui que les prescriptions morales perdent l'autorité qu'elles devaient à leur prétendue origine sacrée, la sécularisation de la morale s'impose. » C'est là une œuvre dont l'importance sociale ne peut échapper à personne.

Les partis politiques et religieux se sont trop

longtemps disputé l'esprit et le cœur de la jeunesse. C'est à la Patrie seule qu'ils appartiennent. L'éducation morale et civique telle que nous la comprenons, telle que la comprennent nos instituteurs, c'est la liberté de conscience de tous respectée, c'est la mise en pratique de la tolérance, c'est l'*Édit de Nantes dans l'École.*

TABLE